## 27歳からのMBA

グロービス流

# ビジネス基礎力10

グロービス経営大学院=著
田久保善彦│荒木博行│
鈴木健一│村尾佳子=執筆

東洋経済新報社

# はじめに

「私は、どんなスキルから学び始めたらよいのでしょう」
「自分の将来に、漠然とした不安があるのですが」
「今の自分に自信が持てなくて……」

　ここ数年、若手ビジネスパーソンからよく受ける質問やコメントです。
　著者らは、MBA（経営学修士：Master of Business Administration）を発行するグロービス経営大学院（東京、大阪、名古屋、仙台、福岡）と、非学位のプログラムを提供するグロービス・マネジメント・スクールの経営に携わる傍ら、教壇にも数多く立っています。そこでは、毎年、20代中盤から30代の方を中心とした合計数千人の方々が論理思考、コミュニケーション、リーダーシップ、マーケティングなどに関する「学び」をスタートしています。
　自らの将来の可能性を信じ、そして、キャリアの選択肢を増やし、納得いく人生を歩むために、学びに対する自己投資をされています。

　これらのプログラムの受講を検討される方向けの説明会やさまざまなセミナーを全国で頻繁に開催していますが、そこで多くの社会人と対話をしていると、先に示したように**地域を問わず自分自身のキャリアや能力開発の方向性について、悩みを持った方が多数**いらっしゃいます。
　特に20代〜30代前半の若手の方からは、具体的に次のような話を聞くことが多くなってきています。

- このまま何もしないのでは「だめ」だとは思っているが、具体的にどの能力が欠けていて、どう開発をすればよいのかわからない。会社の研修も最近はあまり行われていない
- 社内にはロールモデルがあまりいないので、どういう方向性で能力開発すべきかピンとこない
- 長い将来を考えたとき、自分の会社が存在する業界、会社そのもの、自分の今後のキャリアに対して、漠然とした不安がある
- 数年後には、転職も考えたいと思っているが、具体的にどんな力を身につければよいのかわからない
- 今の会社から出たら、他でどの程度自分が通用するのか、全くわからないし自信がない

個々人の話ですから、千差万別なのは言うまでもありませんが、世の中がますます複雑化する中で**「どのような分野の、どのような能力を高めていくべきかがはっきりしない」**という漠然とした不安を持つ方々が増えているのです。

**能力開発を加速するために重要なのは、まずは基本です。**常に「Back to Basics」です。ビジネスパーソンとしての基礎力がなければ、表面的な知識やスキルは砂上の楼閣にしかなりえません。

本書では、著者らが数多くの社会人のみなさんとの対話の中から芽生えた問題意識をもとに、**30代前半までに身につけていただきたいと思う基本的なビジネススキルを10に分けて「俯瞰」**しました。

意識的に能力開発を始める最初の段階で、身につけるべき能力に関する全体感を持つことはきわめて重要です。

全体感を持たないのは、地図を持たずに旅に出るようなもので、どこまで、何をやればよいのかという不安だけが先に立ち、そこで思考が止まってしまうからです。全体感を把握することができれば、

現在修得中のスキルの次は、いつまでに、何を、その次は何を、とプランを組むこともできるでしょう。また、漠然とした不安も解消されるはずです。

しかし、この重要な全体感を教えてくれる情報源に目を向けると、身につけるべき個別のビジネススキルに関する書籍は多数存在していますが、全体感を俯瞰できるような書籍はほとんど存在しません。本書は、ここに一石を投じるために書きました。

**20年を超えるグロービスの教育現場の中で、繰り広げられてきた延べ7万人以上のビジネスパーソンとの会話、社会人学生のクラス内での状況などを観察する中で特に重要だと考えている10の力**は次の通りです。

まず、ビジネス基礎力を高める「基盤」として、
1章「**論理思考力**」：すべての基本となる「論理を成立させる」考え方
2章「**コミュニケーション力**」：論理思考をベースとしたわかりやすいコミュニケーション方法
の具体的な手法を学んでいきます。

続いて、課題を設定・発見し、解決していく方法の基礎として、
3章「**仮説構築力**」："手当たり次第"調べる、考えるという状況から脱するための仮説を作る力
4章「**情報収集力**」：作った仮説を検証するための情報収集の方法論
5章「**データ・情報分析力**」：収集した情報をいかに分析、加工、そして表現する力
について見ていきます。

さらに、5章までに議論してきた問題解決的な話を踏まえつつ、
6章「**次の打ち手を考える力**」：ビジネスにおける次の一手を考える方法
7章「**プレゼンテーション力**」：意思決定者に物事を効果的に伝える方法
を取り上げます。

7章までの話は、PDCAの、P：プランニング的側面が大きいですが、実際にビジネスの現場でそのプランを実行していくための力の向上を目指して、
8章「**周囲を巻き込む力**」：実際に社内で人を巻き込みながら実行していくための方法
9章「**チームを作る力**」：8章をベースに、特にリーダーの立場に立ち、チームを作る方法
を議論します。

10章「**志を育てる力**」では、本書の最後として何のために能力開発をするのか、自らのキャリアや志をどのように成長させていくかについて学びます。

最後までお読みいただければ、必須のビジネススキルの全体感とそのトレーニング方法を理解していただくことができるはずです。

グローバル化の進展に伴う競争の激化、IT技術の進化から、個別企業、個人を取り巻く環境は、今後ますます複雑さを増していくでしょう。同時に雇用環境にも大きな変化の波が迫りつつあります。労働市場においても就職や転職のライバルは国外にも存在する時代になり、その傾向はますます加速していくはずです。

これは、**最低限、持っていなければならない生き抜くための力（稼げる力、仕事を獲得する力）のレベルが上がってきている**ことを示しています。当たり前のことですが、**最後に頼れるのは自分の実力**だけです。

　厳しい状況に直面して初めて、「あの時もっと勉強しておけばよかった、あの時もっと真剣に能力開発に取り組んでおけばよかった」と後悔することにならないように、できるだけ早いタイミングで自らと真剣に向き合う必要があります。

　現実を直視し、客観的な自己評価を行い、「いつまでに何を身につけるか」を決め、計画的に能力開発を進めましょう。

　時代の流れ、時代の要請を感じながら、どれだけのスピードで自分の能力を高めていくことができるかに、今後のビジネスパーソンとしての人生がかかっているのです。

　読者のみなさんがご自身の能力開発の方向性、キャリアについて真剣に考えるきっかけを得ていただけたら、これ以上の喜びはありません。

　永遠に続く、能力開発への第一歩を！

2014年7月吉日
　　　　執筆者を代表して　グロービス経営大学院 経営研究科
　　　　　　　　　　　　　　　　　研究科長 田久保善彦

CONTENTS

はじめに ……… 3
CHECK TEST：ビジネス基礎力チェックテスト ……… 12
CONCEPT MAP：グロービス流 10のビジネス基礎力 ……… 13

## CHAPTER 1 論理思考力
### logical thinking

01 言葉を具体的にする ……… 19
02 本質的な問いを押さえる ……… 23
03 主張と根拠の骨格を作る ……… 28

## CHAPTER 2 コミュニケーション力
### communication

01 相手との関係性を理解する ……… 40
02 結論（伝えたいメッセージ）を最初に言い切る ……… 43
03 結論（伝えたいメッセージ）を一言にまとめる ……… 45
04 結論（伝えたいメッセージ）を支える
「枠組み」を考える ……… 47
05 具体的に語る ……… 52

## CHAPTER 3 仮説構築力
### hypothesis-driven thinking

01 自分の仮説構築力を理解する ……… 58
02 仮説思考のメリットを理解する ……… 61

03 仮説思考で仕事を進める ……… 63
04 「使える」仮説を構築する ……… 68
05 使える仮説を構築する「問い」を身につける ……… 69
06 初期の仮説を生み出すために引き出しを増やす ……… 71

CHAPTER 4 情報収集力
information gathering

01 仮説構築の場合は、
　　Quick&Dirtyの情報収集を心がける ……… 78
02 「仮説検証」のために情報を収集する ……… 80
03 情報収集の技術を身につける ……… 83

CHAPTER 5 データ・情報分析力
information analysis

01 分析する＝比較する ……… 102
02 分析の5つの視点を使いこなす ……… 104
03 比較するためにデータを加工する ……… 110

CHAPTER 6 次の打ち手を
考える力
thinking ahead

01 全体を俯瞰する ……… 128

02 問題を特定する ……… 133
03 打ち手を考える ……… 138
04 判断基準を設定し、打ち手を選択する ……… 140
05 実行し、レビューする ……… 144

## CHAPTER 7 プレゼンテーション力
### presentation

01 プレゼンテーションの目的を押さえる ……… 157
02 聞き手の状況を分析する ……… 160
03 プレゼンテーションの制約を理解する ……… 164
04 プレゼンテーションの内容を考える ……… 166

## CHAPTER 8 周囲を巻き込む力
### involving others

01 周囲からの信頼の残高を増やす ……… 182
02 社内人脈を作る ……… 185
03 巻き込みたい人を理解する ……… 187
04 健全な根回しをする ……… 190
05 早期に小さい成功を作り、積み重ねる ……… 193
06 自らの本気度を見せ続ける ……… 195
07 ストーリーを語る ……… 199
08 会議のファシリテーション力を磨く ……… 201

## CHAPTER 9 チームを作る力
### team building

01 チームとは何かを理解する ……… 206
02 チームを作るリーダーとしての能力を開発する ……… 211
03 コミュニケーションの工夫をする ……… 225

## CHAPTER 10 志を育てる力
### KOKOROZASHI

01 「志」とは何かを理解する ……… 229
02 志の重要性を理解する ……… 231
03 志の醸成パターンを理解する ……… 233
04 志の成長の方向性を認識する ……… 243

おわりに ……… 249
執筆者紹介 ……… 251

CHECK TEST

# ビジネス基礎力チェックテスト

本書を読み始める前に、次の問題を考えてみてください。それぞれの問題に対し、取り組み方や解決策がすっと頭に浮かび、会社の仲間に説明できるレベルにまで具体化できるという方は、基礎的な力が身についているといえるでしょう。
一方で、すんなり答えが出ない、という方は、是非この先を読み進めて、ビジネスパーソンに必須の基礎的能力を身につけていただきたいと思います。

1　あなたは人材紹介業における営業担当者。売上がなかなか伸びない現状を踏まえて、新規顧客開拓プロジェクトが組成され、あなたはそのメンバーに任命された。今日は最初のミーティング。あなたはその会議の進行役を依頼されている。さて、どのように会議を進めればよいだろうか。

2　あなたは自動車ディーラー会社の営業本部担当者。店舗ごとに業績に大きなばらつきがあるため、下位の店舗の営業が伸びない原因を探り、そして何らかの統一的な改善プログラムを導入したいと考えている。しかし、地域ごとに市場規模の差もあり、そもそも統一的な基準で判断すべきかどうかも悩んでいる。さて、何から着手すべきか。

3　あなたは新規ビジネス企画担当者。デパ地下などを中心に一定の市民権を得た中食ビジネスに参入することを検討している。上司から関東近県の中食市場の市場規模はどの程度かと聞かれた。調査しても統計はない。さて、どうやって市場規模を見積もるか。

4　あなたは旅行会社の企画担当者。今の時代に合った新しい企画を、世の中の動向をしっかり押さえた上で、提案書にまとめるようにと上司から言われた。提案までの期間は1週間。盛り込むべき分析や内容について悩んでいる。何から、どう着手するか。

5　明日は、今後のキャリアについて議論する1年に一度の上司との面談。そろそろ、異動希望も聞き入れてもらえる可能性がある。3年後にやりたいこと、10年後にやりたいことは？　という素朴な疑問を投げかけられたとき、具体的なイメージを語ることができるか。

CONCEPT MAP

# グロービス流　10のビジネス基礎力

## 超基本的なビジネススキルを鍛える
- 論理思考力
- コミュニケーション力

## 企画・提案力を鍛える
- 仮説構築力
- 情報収集力
- データ・情報分析力
- 次の打ち手を考える力

## ビジネス実行力を鍛える
- プレゼンテーション力
- 周囲を巻き込む力
- チームを作る力

## 志を育てる力

# CHAPTER 1

logical thinking

SECTION 01 — 03

論理思考力

CHECK LIST

# 論理思考力 チェックリスト

1. この1週間のメールを見返した時、Big Word（詳しくは20ページ）の定義に該当する言葉を、自分で無意識に使っている　CHECK

2. 組織の目標など、組織で語られる重要なキーワードを改めて考えてみると、具体的に何を指しているのかわからない　CHECK

3. 今、自分が抱えている主要な業務の背景にある課題、問いを自分の言葉でわかりやすく語ることができない　CHECK

4. 今、自分が抱えている主要な業務の背景にある課題や問いが、部下や上司と同じ認識になっている自信がない　CHECK

5. 「前提を疑う」「ルールを疑う」と言われても、今の仕事で何が「前提」や「ルール」に該当するのか、イメージがわかない　CHECK

6. 経営用語や定石と言われるものは知っているが、それが顧客や上司の前で効果的に使えた経験がない　CHECK

7. 「根拠は何？」「具体例は？」と言われて、冷や汗をかいた経験をいくつも思い出せる　CHECK

8. 最近の重要な提案を振り返った時、まず構成や全体像を作ってチェックする、というプロセスをした記憶がない　CHECK

1章では、すべてのビジネスパーソンに必要不可欠なスキルである「論理思考力」について見ていきます。

まず、少しの間、ご自身のことを振り返ってください。みなさんは、この1週間のビジネスシーンの中で、「考える」ということにどのぐらいの時間を使ったでしょうか。メールを書く時、上司や部下と話をする前、もしくはお客様と向き合いながら……。「考える」という時間はかなりあったはずです。

しかし、その中で「論理的に」考えられていた時間は何割くらいでしょうか。そもそも考えている際に、「論理」という点を意識しながら頭を使っていたでしょうか。

おそらく、この質問に対して、明確にYesと答えられる方はそう多くないでしょう。「何となく感覚的に……」「とりあえず前例にしたがって……」「そもそもそんなに深く考えていないかも……」。そんな方が、多いのではないでしょうか。

私たちは日々、多くの仕事を片付けなくてはなりません。ゆっく

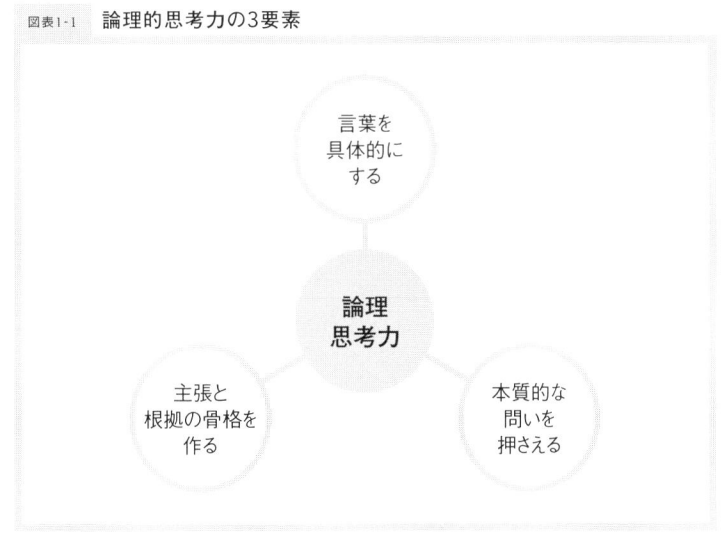

図表1-1　**論理的思考力の3要素**

り立ち止まって、しっかり論理的に考える、という時間はなかなか持つことができないのが現状です。実際には、顧客や上司、他部署といった私たちを取り巻く関係者との調整に時間を追われ、「論理思考」とはほど遠い、いわゆる「条件反射」のような状況に陥ってしまいがちです。

　一方で「時間があれば論理的に考えられるのか」と問われると、それにもYesと言える人は多くはなさそうです。

　この章では、ビジネスシーンで「論理的に考える」とはどういうことなのか、ということを整理するとともに、日常に忙殺される環境の中で、こういうことを意識するとよい、というポイントをまとめていきます。

SECTION 01　CHAPTER1_logical thinking

# 言葉を具体的にする

「論理的に考える」ということにおいて、最初に押さえておきたいことが、「言葉」についてです。

　日々何気なく使っている「言葉」ですが、論理的に考える第一歩は、この「言葉」に隠されています。

　例えば、このような「言葉」を使って会話をしている場面によく遭遇します。

上司：「今期はどうする？　どんな感じで進めようと思っているんだ？」
部下：「やるべきことに注力して、目標達成に向けて頑張ります」
上司：「そうか。受注ロスがいくつか続いたけど、これはどうなんだ？」
部下：「受注できなかったのは、お客様に高い付加価値の提供ができなかったことなどがあるように思われます」
上司：「そうか。仕方ない側面もあるけど……、まあ来年はもうちょっと頑張れよ。じゃあ、設定目標をシートにまとめて提出してくれ」
部下：「はい。早めに提出します」

　この会話、冷静に見てみると、突っ込みどころが満載です。

「やるべきことに注力」って具体的に何をやり、何をやらないこと？
「目標達成に向けて頑張る」というのは、具体的に何をすること？
「高い付加価値の提供」って具体的に何を提供すること？
「できなかったことなどがある」の「など」って他には何がある？
「思われます」は誰が思っているの？
「もうちょっと頑張れ」というのは何をすること？
「早めに提出」って具体的にいつ？

　つまり、「言葉」がまったく具体的でない、ということです。このような会話を繰り返しても、仕事は前には進みません。前に進まないどころか、場合によっては深刻なトラブルさえ生み出します。

　この例で言えば、上司は「もうちょっと頑張れ」ということに対して、具体的には「受注金額の目標設定を20％くらいは向上させてほしい」と思っていたかもしれません。その一方で、部下は「仕方ない」ということを好意的に捉えて、「同じレベル感でやればよい」と感じているかもしれません。そうなった場合、最終的な結論がすり合わないことは必至です。
　このようなことが続くと、結果的には上司にとっては「自分の意図を理解しない部下」という人物像になり、部下にとっては「そういうことだったら先に言え」という不満の対象になるのです。
　グロービスでは、この会話にあるような抽象的な言葉を"Big Word"と総称しています。
　では、一般的にBig Wordになりやすい言葉というのは、どういうものでしょうか。いくつかのカテゴリーに分けて考えてみましょう。

[ **形容詞、副詞** ]
　かなり・大変・もう少し・前向きに・早めに・できるだけ

このような程度を表す言葉が該当します。使ってはいけないわけではありませんが、原則、数値を入れて表現してみましょう。

[ 動詞 ]
**検討する・頑張る・対処する・意識する・コミットする**
このカテゴリーの言葉は、具体的にどんな動きをするのか、まったく見えてこない点に課題があります。
例えば「検討する」という言葉を使う時は、具体的に誰がいつどこでどんなアクションをするのか、さらに検討している「動画イメージ」を持つまで考え抜くことが大切です。

[ 名詞 ]
**シナジー・バリュー・ダイバーシティ・ブランド**
流行り言葉、カタカナ用語には要注意です。
言っている本人が理解しないまま、「それらしく」使っている可能性があります。使っていけないわけではないですが、「平易な日本語で」言い直せるか、確認してみましょう。

[ 代名詞 ]
**その手のこと・あのようなこと・そういったことを含めて**
何を指しているのかを、具体的に紐付けないままに使うと、Big Wordになります。
この手の代名詞を使わないと、非常に冗長な会話になってしまうので、使うこと自体に問題はありませんが、ちゃんと1対1の紐付けをした上で使う、ということが大事です。

[ 主語 ]
**会議で意思決定がなされました**

**これは危険だと思われます**

こういった主語なし文も、広義のBig Wordに入るでしょう。「誰が」意思決定したのか、「誰が」危険だと思ったのか、ということを必ず明確にしましょう。会議が何かを決めるわけではありません。最終的に誰かが決めるのです。

主語をおろそかにすると、責任がぼやける点にも注意が必要です。

[ 接尾語 ]
**M&A「など」を検討します**
**私「的」には**

この手の名詞の後につく言葉は要注意です。

意識的に使う分にはよいのですが、「無意識」で使っている場合は危険です。

「〜など」を無意識に使うと、その前の言葉がぼんやりして、威力を失います。「〜的」も同様です。「私は」で問題がなければ、そちらを使いましょう。

私たちが何かを考える際に一番使う道具は、「言葉」です。私たちは多くの場面で「言葉」を駆使しながら頭を使います。その「言葉」が磨かれていないと、思考はどうしても鈍ります。

日々使っている「言葉」が、過度に抽象的になっていないか、改めて考えてみましょう。

SECTION 02

CHAPTER1_logical thinking

# 本質的な問いを押さえる

　論理的に考えるための2つ目のポイントは、「**本質的な問いを押さえる**」ということです。つまり、私たちが今、目の前で片付けている業務は、具体的にどのような課題（＝問い）を解決するためのものなのか、ということを常に押さえる、ということです。

　ここだけ聞くと、当たり前のように聞こえますが、実は身の回りには、問いが押さえられていないことが原因でさまざまなトラブルが発生しています。

　例えば、みなさんが「営業力強化プロジェクトチーム」に任命されたとしましょう。よくあるのは、「営業力強化のためにはどのような研修を行えばよいのか……」と、無意識のうちに頭の中で勝手に問いを変換して、営業力強化研修の詳細を緻密に考えて提案書を作ってしまうことです。

　しかし、その提案書が力作だったとしても、研修というのは営業力強化の一部に過ぎない可能性があります。実際には研修なんて些細なことで、本質的には「営業のプロセスをいかに見直すか」という問いの方が重要かもしれないのです。

　このように、「問い」をしっかりと押さえていなかったために、仕事が効率的・効果的に進まない例は枚挙に暇（いとま）がありません。

　では、そのメカニズムや問いの押さえ方を考えてみましょう。

## 1 問いそのものが大きい時は要注意

　問いが押さえられないパターンとしてよくあるのが、「問いそのものが大きい」という場合です。

　みなさんが人事部の担当者だとしましょう。人事部長から「これからうちもグローバル化を推進していくためには、グローバル人材を増やしていかなくては。ちょっとグローバル人材の育成施策を考えてくれ」と言われた場面を想像してみてください。
「グローバル人材の育成か。最近よく聞くテーマだな。そういえば、この前、雑誌で他社事例の紹介があったな。ちょっとあれを調べて考えてみるか」と思いめぐらせてしまうことがよくあります。しかし、ここで必要なことは、しっかり「本質的な問い」を確認する、ということです。

　そもそも「グローバル人材」の定義とは何なのか。単に英語が使えて、海外で困らない程度にビジネスができる人物のことなのか。それとも現地のリーダーとして、組織を牽引できる人材なのか。また、人材を「増やす」というのは、具体的に「現状の何人から何人まで」増やしたいのか。当然、「現状ゼロだが20人くらいにしたい」のか、「100人はいるが、150人にしたい」のかで、その難しさはまったく異なります。

　さらに、「育成」と言っていますが、その具体的なイメージは、あるのでしょうか。かけられる予算規模や期間はどれくらいでしょう。それによって、採用からの育成プロセスを大まかに描く話なのか、短期的な研修を提案する話なのかも変わってきます。

　このように、問いが大きい場合、特に、問いにBig Wordが数多く混ざっている場合、まずはその「問い」が何を意味しているのか、を問いの出し手とともにしっかりと議論し、握る（共通の理解に達する）ことが必須です。

問いが出たその場で確認するのが理想的ですが、それができなくても、手戻りが出ないように作業進行の初期段階で確認すべきでしょう。

### 2 問いを分解し、視覚化する

問いをしっかり確認するためには、問いを分解し、視覚化する、ということが有効です。

「グローバル人材」の例で言うと、「どのような人材を」「いつまでに」「どの程度」「いくらかけて」というようなレベルで、問いが分解できると思います。この細分化された問いに対して、「例えば」というレベルでよいので、答えのイメージを書いておくと、問いの出し手と確認がしやすくなります。

なぜなら、問いの出し手本人も、問いを出す段階では具体的なイメージを持っているとは限りません。「何となく最近グローバル人材って言われているから、うちも何かしなきゃいけないかもな」く

図表1-2　問いの分解

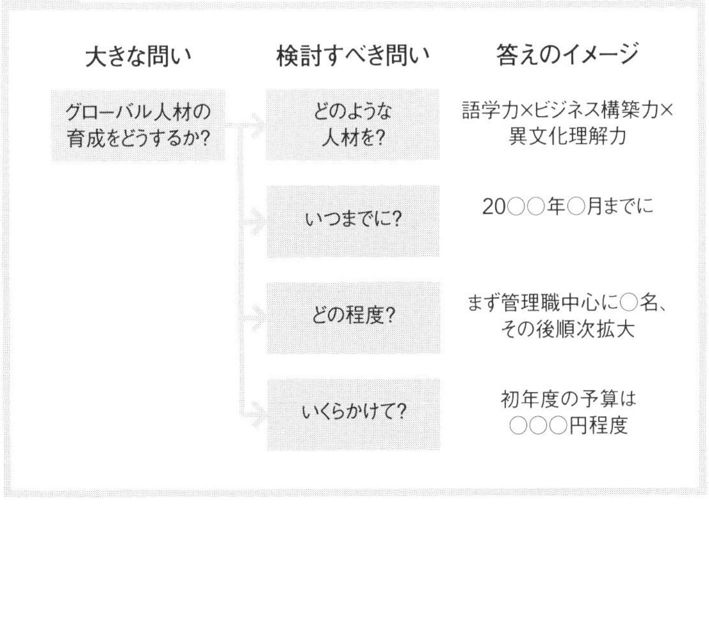

| 大きな問い | 検討すべき問い | 答えのイメージ |
|---|---|---|
| グローバル人材の育成をどうするか? | どのような人材を? | 語学力×ビジネス構築力×異文化理解力 |
|  | いつまでに? | 20○○年○月までに |
|  | どの程度? | まず管理職中心に○名、その後順次拡大 |
|  | いくらかけて? | 初年度の予算は○○○円程度 |

らいのレベルかもしれません。それに対して、「それじゃ漠然としすぎてわかりません！」と突き返しても場合によっては感情論となり、あまり生産的ではありません。

　問いの受け手に求められるのは、複雑な問いを視覚化することによって、問いの出し手の頭を整理し、お互いに視点を合わせて確認する、ということです。

### ③ 問いの背景を確認する

　問いを分解することと共に大事なのは、問いの「背景」を確認する、ということです。問いの出し手の背景にどんな問題意識があるのか、どんな経緯でその問いは出てきたのか、ということを理解することは非常に重要です。

　例えば、最近海外派遣されたスタッフにトラブルが相次いだことが「グローバル人材」という問いの背景にあるのか、それともこれから全社的に何らかの戦略転換を考えていて、それに備えることを視野に入れているのか。それによって、考えるべきことの範囲も変わってくるでしょう。

　もっと身近な例として、「A社のサービスをどれだけ競合他社が利用しているのか、ちょっと調べてくれ」という依頼をもらった場合を考えてみましょう。

　一つのやり方としては、その言葉の通り、他社事例だけ調べることがあります。しかし、その作業をより確実に行い、かつ付加価値を出すためには、その依頼の背景、つまり「A社の活用をうちも検討しようとしている」のか、それとも「競合他社との戦いにおいて勝つための戦略を考えようとしている」のか、という背景を押さえる必要があります。なぜならば、それによって、作業で押さえるべきポイントが変わってくるからです。

　その背景を確認するには、「こういうテーマが今出てきたことの

背景には何があるのでしょうか」とシンプルに聞くことです。もしくは、何らかの仮説がある場合は、「このテーマが出てきたことの背景には、○○ということがあるのでしょうか」とぶつけてみてもよいでしょう。

### 4 作業の引力に負けない

　問いを分解し、問いの背景を確認した上で、気をつけるべきことがあります。それは作業の「引力」に負けない、ということです。

　例えば何らかのインタビューをするために現場に出る、もしくはネットで情報を調べる。こういった作業には刺激も多く、気づいたら作業に没頭していることがよくあります。そのような作業に没頭し始めると、「何のための作業だったのか」を見失いがちになります。

　この手の話は、会議の現場でもよく見られます。
「A部門のコスト削減を具体的にどうするか」ということを議論する会議があったとしましょう。しかし、ある参加者が突然「コスト削減もよいけど、売上を伸ばすことはどうなっている？　そっちがおろそかになっているのではないか？」という発言をします。それがきっかけで、コスト削減とはまったく関係ない話に花が咲いてしまう。これも「問い」を押さえ続けられない典型的なパターンです。

　つまり、新しい刺激に触発されて、本来の「問い」を忘れて議論に没頭してしまうのです。それでは、結果的に「で、今日は何の話をするんでしたっけ？」ということで終わってしまいます。

　このように、たとえ当初は問いを「押さえて」いたとしても、「押さえ続ける」ということは、また違った難しさがあります。大事なことは、自分たちが理解した問いを言葉にして、しっかりと目に見えるところに書いておく、ということです。是非、実践してみて下さい。

SECTION 03　CHAPTER1_logical thinking

# 主張と根拠の骨格を作る

　「問い」を押さえたら、次に考えなくてはならないのは、その問いに対する自分なりの「答え＝主張」です。「グローバル人材育成のために何をすべきか？」が問いであれば、「そのためには○○と□□をまずはやる必要がある」が主張になりますし、「コスト削減は果たして必要か？」が問いであれば、「必要だ（必要ではない）」が主張に該当します。
　しかし、当たり前ですが、ある主張をするためには、「なぜそう言えるのか？」という根拠が必要になります。

　次のような人事部長のスピーチの事例を見てみましょう。
「来年度から、わが社においてもグローバル人材育成に着手したいと思います。グローバル人材、という言葉は、最近よく聞く言葉ではないでしょうか。私たち人事部もグローバル人材については問題意識を持って、かなり前から検討を進めてきました。グローバル人材という言葉にはいろいろな意味がありますが、私たちはここでは、語学もさることながら、より開かれたマインドを持って、多くの人種や文化を持つ人々とビジネスができる人間と定義したいと思います。では、具体的にどう育成するか、ということのお話をしたいと思います……」
　ここで、人事部長の主張の一つは、「来年度からグローバル人材

育成を始める」ということです。根拠がどこかに述べられていたかというと、このスピーチの中で根拠は一切述べられていません。ただ、さまざまな修飾的な表現がついているために、部長が力強く語っているとそれらしく聞こえてしまうのも事実です。

しかし、重要な意思決定の場面でこのような論理構成では、反対意見に到底太刀打ちできません。そのような大事な場面で冷や汗をかかないようにするためにも、主張を根拠で支える、ということの原理原則を理解しておいてください。

ここで主張を根拠で支えるための基本として、演繹法と帰納法という2つのアプローチをご紹介します。どれだけ複雑な論理構成の内容であったとしても、それは演繹法と帰納法という2つのアプローチの組み合わせによって成立しています。演繹や帰納という聞きなれない言葉を知っているかどうかにかかわらず、私たちは無意識のうちにこの2つのアプローチを活用しているのです。

コミュニケーションの場面に応じて、その応用的な活用方法も存在しますが、それは次章以降に譲ります。

## 1 演繹法は「既存の知識」と「新しい事実」の融合

演繹法とは、とあるルールがあり、そのルールに具体事象をあてはめることで結論、主張を導き出すアプローチです。一般的には三段論法とも言われます。例えば、

ルール：「うちの業界では、クチコミが極めて重要な営業材料となる」
具体事象：「最近、顧客の満足度が落ちており、よいクチコミが広がっていない」
結論：「わが社の今後の営業成績は厳しくなることが予想される」

図表1-3 演繹法

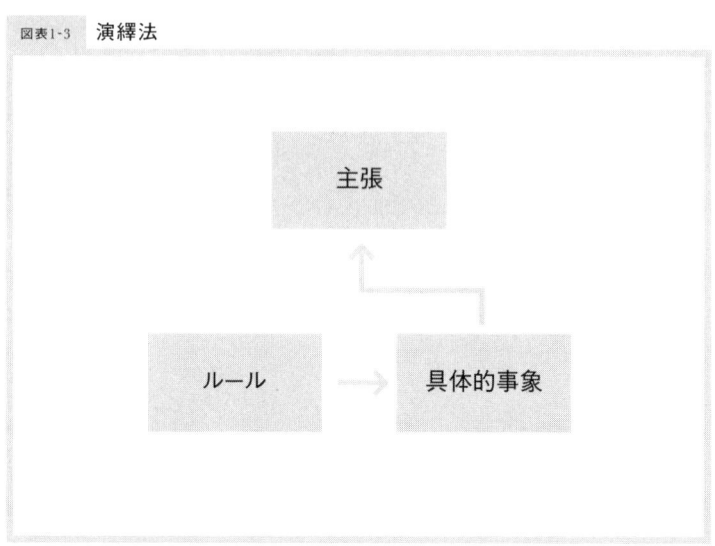

というようなイメージです。

演繹法や三段論法なんて聞いたこともないし、使ったこともない、という人もいるかもしれませんが、実は無意識に多用しています。例えば、夜遅くにラーメンを食べる友人に「やめた方がよいんじゃない」という発言。

これは「夜遅くにカロリーの高いものを食べると太りやすい」という事前知識が存在し、それに対して目の前の友人の行為という事実をあてはめた結果、「そういう食べ方をすると太る→やめた方がよい」というアドバイスにつながっているのです。

私たちは何かを主張しようとする時、必ずしもゼロベースで考えているわけではありません。すでに何らかの知識(=ルール)のベースが存在する分野では、その知識を拝借することで、何らかの主張を作ろうとします。

つまり、「既存の知識と新しい事実を融合させること」ということが演繹法の基本的な頭の使い方になります。

## ② 常に前提を疑う姿勢を忘れない

　では、演繹法を使う際に、注意すべき点は何でしょうか。
　まず、演繹法においてはルールが何よりも大事になります。そのルール自体が正しくなくては話になりません。それにまずは気をつけましょう。しかし、実際に起きやすいのは、明らかに間違ったルールを適用するというよりも、「一般論としては必ずしも間違っていないが、"この場合には"そのルールを適用するのは無理がある」という場合です。
「グローバル人材の育成のために、語学力向上が必要。しかし、うちの社員は語学力で劣る人材が多い。したがって、まずは語学力向上を目的とした各種トレーニングを開始する」というような話があるとします。
　確かにグローバル人材という文脈で、語学力というのは理解できますが、この会社にそれが適用するかはまた別の話です。なぜならば、この会社では、語学力向上よりも、論理思考力や創造力、自社商品理解など、もっと必要なことがあるかもしれないからです。
　さらに突き詰めて考えると、ルールそのものが古ければ、新しい事象には対応できません。マーケティング手法などは、新しいツールが日進月歩のスピードで向上しており、一昔前のルールなどは短時間で陳腐化してしまいます。
　演繹法は「既存の知識と新事実の融合」という説明をしましたが、変化の激しいビジネス環境下では、何でも既存の知識に頼っていては、事を見誤ります。
　そういう意味では、演繹法を使う場面においては、「私たちが無意識に使っているルールは、正しいのだろうか」という前提を疑う姿勢は絶えず持っておく必要があります。

### 3 知識量を増やし、「使える状態」にまでしておく

　演繹法を使いこなすための力をつけるには、知識量を増やすことが大切です。つまり、どれだけ「一般的なルール」を理解しているかの勝負になります。

　例えば、飲料メーカーのマーケティングの担当をしているとしましょう。新しく発売する飲料のマーケティングプランを決める時に大事なことの一つは、「消費材のマーケティングを考える際、一般的に重要なポイントは何か」というルールを押さえていることです。なぜならば、このルールこそが、思考の確固たる土台になるからです。これを持ち合わせていないと、ゼロからその法則を見つけなくてはならず、意思決定のスピードが格段に落ちます。単に「知っているか、そうでないか」によって、主張を導き出す速度は変わってきます。

　しかし、知識を増やしただけでは不十分です。それは、知識が広がっても、いざ主張を導き出す時に、その知識を適切なタイミング、適切な形で引っ張ってこなくては意味がないからです。したがって、もう一つ大事なことは、増やした知識を「使える状態」にまでしておくということです。

　例えば、「規模の経済」というルールがあります。「固定費が大きいビジネスでは、規模が大きいプレイヤーがコスト競争力を持つ」というシンプルなルールです。しかし、いざという時、このルールを導き出して主張を述べることができる人はどれくらいいるでしょうか。実際のビジネスの現場では、「規模の経済」というタイトルつきで話題が降ってくることはありません。突然、「おい、今度の新商品、いくらで売ったらよい？」くらいの距離感の問いが降ってくるだけです。それに対して「規模の経済」というルールを引っ張りだせるか、という勝負です。そのためには、一つ一つの知識に対

して、自分なりに考えを深めておく必要があります。借り物の知識は、いざという時に決して頭をよぎることがないからです。

実際にビジネスで何らかの主張を述べる時、演繹法の土台として使える「ルール」は、本当に自分のものになっているものだけ、ということを理解してください。問われるのは、単なる知識量ではなく自分のものになっている知識量なのです。

### ④ 帰納法とは、目の前の事象から想像すること

主張を組み立てるためのもう一つのアプローチである帰納法について考えてみましょう。

帰納法というのは、複数の事象から、ある共通のルールや、無理なく言えそうな主張を導き出すアプローチです。例えば、「A社期待の新製品の売れ行きは芳しくない」「A社は先日、リコールを発表した」「A社は希望退職の募集を行った」ということから、「A社の来年の業績は期待できないだろう」、もしくは「A社の社長はそ

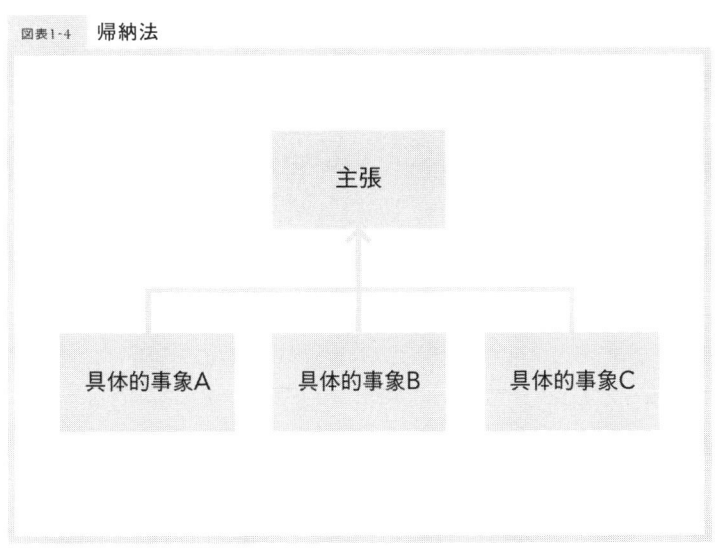

図表1-4　帰納法

ろそろ交代するかもしれない」などの主張を導くことができます。

演繹法は適切なルールさえ導くことができれば、ほぼ自動的に結論が決まっていく、というのに対し、帰納法というのは、前述のように解釈が何通りも成立するという特徴があります。

別の言い方をすれば、演繹法が過去の知識の引き出しを駆使する力が求められることに対して、帰納法は目の前の事象から新しいものを「想像する力」が求められる思考法でもあります。

### ⑤ 思い込みを捨てて、サンプルをしっかり取る

帰納法において気をつけたい点は、思い込みを捨てる、ということです。私たちは、自分がもともと持っていた思い込みに近いことが起きると、それをもとに主張を組み立てる傾向があります。例えば、「この前営業に来たB社の社員はまともな挨拶ができなかった」「先日たまたま会議で会ったB社の社員も、メールを打っても返事すらよこさなかった」、だから「B社の社員は本当に礼儀知らずのダメなやつばかりだ」というような主張は、どこかで聞いたことがあると思います。

人間はいったんある経験をすると、その経験から離れること（アンラーン＝学び捨て）ができません。非常に礼儀正しいB社社員に会ってもそれを忘れてしまう一方で、非礼な社員ばかりが記憶に残る、ということになってしまうのです。

そのために、もし帰納法で何か主張を組み立てるのであれば、サンプルを正しく取る、ということは欠かせません。一体いくつのサンプルからその主張を組み立てたのか？　そのサンプルには偏りがないか？　ということを冷静にチェックする必要があります。

B社の事例に見られるように、帰納法は、感情と結びついてしまうと、極端な結論になってしまうので要注意です。

## 6 経験や事例の幅を増やし、具体的に考える

　では、帰納法にもとづく論理思考力を鍛えるためには、どうしたらよいのでしょうか。

　帰納法には「想像力」が必要ですが、想像するために必要なことは、「経験や事例の幅」、そして「具体的に考える力」です。

　帰納法で解釈するには、まずは考えるための材料（サンプル）が一定以上なくてはいけません。限られた1つや2つの事象からでは、そこから抽出できる主張は限られます。営業経験がわずかしかない人に対して、「営業のキモは何か？」と問うても、そこから得られる示唆は限られるでしょう。考えるための場数（サンプル数）が足りないからです。したがって、まずは多くのことを見聞きする、多くの事例を知る、という幅が問われます。

　そしてもう一つ大事なことは、そこからどれだけ具体的に考えられるか、ということです。幅広いサンプルを持っていても、具体的に考える力に欠けていれば、帰納的な解釈はできません。

　例えば、営業で幅広い顧客接点を持つ人がいるとします。さまざまな失敗や、成功を積み重ねてきました。しかし、具体的に考える能力が欠けている人は、「営業で大事なことは、相手の心を見極めること」といったようなBig Wordで満足してしまいます。当然ながら、このような抽象的な表現では、現場で使える学びにはなりません。相手の心とは何か、見極めるとは何か、それがどういう場面で通用するのか、通用しない場面は具体的にどういう場面か、といった「言葉の意味すること」を具体的に考えていく力が求められます。

## 7 自分の論理構成を視覚化する

　演繹法と帰納法のいずれのアプローチにおいても大事なことは、図表1-3、図表1-4のように自分の主張と根拠をシンプルに見え

る状態にしておく、つまり、ビジュアルとして表現する、ということです。これはそれほど難しいことではありません。自分がここで言いたいのは、一言で言うと何なのか？　ということを最上段に書きいれてみてください。

　そして、それがなぜそう言えるのか、という根拠をその下のマス目に書いてみます。その際、修飾語は一切省きます。シンプルに、できるだけ簡潔な表現で。すると、意外に自分の主張と根拠がまとまっていないことに気づくはずです。

　よくあるのは、「主張が何なのか、自分で言葉に落とせない」というケースや「主張は整理できても、根拠が皆無だった」というようなことです。

　当然のことですが、自分で自分の主張がわかっていなければ、相手に効果的に伝えることはできません。根拠が整理できていないと、さらに根拠が論理構成のルールにしたがっていないと、相手から疑問が噴出してきます。

　ここまで、1章として論理的な頭の使い方の一端を概観してきました。これはどんなビジネスにおいても汎用的に使うベースであり、スポーツで言うならば、筋力のようなものです。筋力が一朝一夕に身につくことがないように、この論理思考力も地道な努力で鍛えていくしかありません。一方で、筋トレと同様に、継続的に鍛えていれば確実に成果として表われてくることでもあります。

　ぜひこの必要性に気づいた段階から、長期的な視点で、愚直にトレーニングを積んでいってください。

推薦図書：
『改訂3版　グロービスMBAクリティカル・シンキング』
　　グロービス経営大学院著、ダイヤモンド社
『[実況] ロジカルシンキング教室』グロービス著、嶋田毅執筆、PHP研究所

# CHAPTER 2

communication

## SECTION 01 — 05

コミュニケーション力

CHECK LIST

## コミュニケーション力　チェックリスト

1　相手と自分は同じ前提を共有している、と考えがちで、お互いの間にあるさまざまな格差を意識したことがない　CHECK

2　相手に対して、言いたいことを言うタイミングが話の最後になってしまう　CHECK

3　「結論を一言で言え」と言われても、一言でまとめられないことが多い　CHECK

4　結論はあるが、その根拠について「それだけで十分か」というチェックをしていない　CHECK

5　結論を支える根拠をしっかり作るために「フレームワーク」を活用したことがない　CHECK

6　結論や根拠の網羅性を、伝える相手の立場でチェックしたことがない　CHECK

7　メッセージの重要部分について、数字などを使って具体的に語ることを怠りがちである　CHECK

8　メッセージの中身を、相手のイメージがしやすいストーリーを意識して語ったことがない　CHECK

2章では、ビジネスに求められる「コミュニケーション力」について、考えを深めていきます。

「上司に対してうまく考えを伝えられない」「メールをわかりやすく書け、と言われるが、具体的にどうしたらよいのかわからない」「会議でうまく意思疎通ができない」など、コミュニケーションに問題意識を抱えている方は多いのではないでしょうか。

ここでは、コミュニケーションのうまい人が意識的に実践している5つのポイントを整理していきます。

なお、コミュニケーションの場面としては、「主に一人の相手に報告や相談、もしくは議論をする場合」と想定します。この延長にあるフォーマルなプレゼンテーションについては7章に、複数の利害関係者をどう巻き込んで進めていくか、というコミュニケーション（ファシリテーション）は、8章にまとめてあります。この章を理解した上で、進んでいってください。

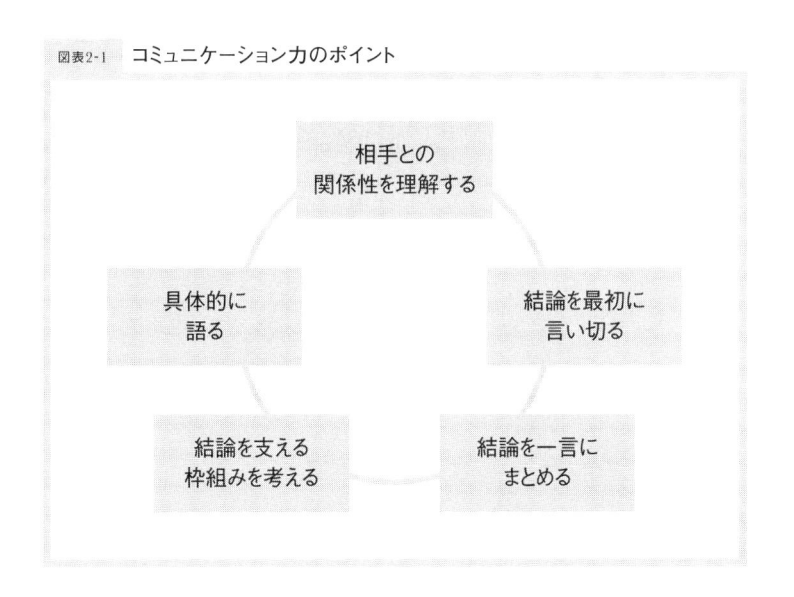

図表2-1　**コミュニケーション力のポイント**

- 相手との関係性を理解する
- 結論を最初に言い切る
- 結論を一言にまとめる
- 結論を支える枠組みを考える
- 具体的に語る

CHAPTER2_communication

SECTION 01

# 相手との関係性を理解する

　コミュニケーションを考える上で最も大切なことは、「双方向のもの」であるということです。「自分がどう伝えるのか」ということに一番の関心がいきがちですが、それだけでなく、コミュニケーション相手について理解を深める、ということが大切です。

　そして、コミュニケーションの大前提として押さえておきたいのは、「相手には、相手の世界がある」ということです。「これくらい話したのだから、相手は理解して当然だろう」という姿勢はコミュニケーションを阻害します。「理解し合おう」という姿勢がない限りは、伝わるものも伝わらないのです。

### 1 情報×解釈力×価値観で相手を理解する

　このような前提に立ち、まずは相手との関係性を理解するためのポイントを押さえておきましょう。同じメッセージを伝えても、あるいは同じメッセージを受けたとしても、まったく違う受け取り方をする背景には、お互いが持っている事前情報に差があるか、情報を解釈する力に差があるか、それを受け止める価値観が異なるか、いずれかの場合に集約されます。

　相手を理解するためには、「情報×解釈力×価値観」というポイントで相手との差を理解することが効果的です。

　情報とは、日頃接している情報の量と質のことを示します。例え

ば「経営においてダイバーシティは重要だ。ダイバーシティの施策を推進していこう」というメッセージを伝えたとしても、日頃からダイバーシティという概念に深く接して、多くの情報を取り込んでいる人、その情報を深く考えている人と、初めて接する人との間には、そのメッセージの受け取り方に大きな格差が存在します。

　コミュニケーションをする双方の間に、どれくらいの「情報格差」が存在するのか、その観点を押さえておかないと、健全なコミュニケーションは成立しません。

　同様に、「解釈力の格差」も重要なポイントです。毎月、社内に自社の詳細な財務データを公開している企業があるとします。そこで、「今、うちのROEは4％になりました（ROEそのものがわからない方は、アカウンティングの基本の勉強をすることをおすすめします）」という情報を伝えたとします。「情報」という観点では、等しく皆に伝えられています。しかし、それらデータから今の会社がどのような状況にあるのか、ということを解釈できるかどうかは、それぞれが持つ「解釈力」に依存します。

　この事例では、「会計のリテラシー」の格差によって、理解度の格差が生じます。相手にどれくらいのリテラシーがあるのか、ということを正しく理解しておくことが、どんなコミュニケーションをすべきかを決める一つの要素になります。

　最後が「価値観」です。「価値観の格差」によって、同じメッセージがまったく異なる形で受け止められる例は枚挙に暇がないでしょう。水が半分入ったコップを見て、「まだ半分ある」と捉えるか、「もう半分しかない」と捉えるかは、究極的には価値観の差によるものでしょう。

　同様に、市場環境がきわめて魅力的だからこそ参入すべきでないと考える人もいますし、逆に厳しい環境だからあえて参入すべき、と考える人もいます。どれくらい価値観を共有しているかでも認識

が異なり、当然それによってコミュニケーションの結果も大きく異なります。

## ② 「格差」をなくしておくことが
## 　　コミュニケーション円滑化のキモ

「コミュニケーション・コスト」とは、一つのコミュニケーションをするのにどれくらいのコストがかかるのか、という概念です。一つの事象を伝えるにも、1回メールを打てば伝わるというようなことはまれであり、ミーティングで議論を重ねたり、トレーニングをしたり、メールのみならずさまざまなツールで何度も伝える機会を設けたりするという「手間暇」をかけてようやくコミュニケーションは成立します。

　手間暇、ということは、時間や工数がかかっていることであり、すなわちコストを意味します。コミュニケーションをするにしても、見えないコストがかかっているのです。企業内においては、このような見えないコミュニケーション・コストをいかにして下げるか、ということが経営上の重要なポイントになります。そのために、社内における情報格差をできる限りなくし、解釈力を揃え、そして価値観をすりあわせておく、ということが大事になります。

　これは経営の視点で考えた際のポイントですが、個人のコミュニケーションでも同じことが言えるでしょう。日頃からコミュニケーションを図る相手に対しては、情報格差、解釈力格差、価値観格差を可能な限りなくしておく、ということが、スムーズなコミュニケーションを促進する一つの重要な要素になる、ということです。そんな観点から、日頃のコミュニケーション相手について見直してみて下さい。

SECTION 02

CHAPTER2_communication

# 結論(伝えたいメッセージ)を最初に言い切る

　相手を理解した上で、ここからは自分自身が伝えたいことをどうやってわかりやすくお伝えするか、ということを考えていきます。

　まず、結論を最初に言い切ってしまうこと。これはコミュニケーションにおいて押さえておきたいポイントです。無意識の状態では、人は考えた過程をそのまま伝えてしまう習性があります。

　とある市場の参入について、以下のような過程で考えた人がいるとします。

- 私は、そこに顧客のニーズがあることに気づきました。
- ひょっとしたらその市場でうちもビジネスができるんじゃないか、とひらめきました。
- でも、よく見てみると、大手競合も参入準備をしている、ということを発見しました。
- したがって、まずは大手が入る前に一早く参入して、評判を獲得してしまうことが何よりも大事だと考えました。

　実際に考えた過程は前述の通りだとしても、このまま伝えるのでは、相手にストレスをかけるだけです。

　この原則の意味することは、まず結論にあたる4つ目のメッセージを最初に言い切ってしまうことです。つまり、

「私たちは新しい市場に参入しようと考えており、その報告をしたいと思います。結論から言うと、勝つためのポイントは、大手競合の参入の影がちらつく中で、いかに一足先に市場に入るか、です。この点について、これからご説明していきます」と最初に言う、ということです。

　結論が最後に来ることを、著者はよく比喩的に「ミステリー小説型メッセージ」と言いますが、「最後まで読まないと結論がわからない」のは小説にお任せしましょう。ビジネスシーンでは、聞き手に負荷をかけてしまいますので、十分気をつけてください。
　なお、最初に言った結論は、最後にも繰り返して伝えると、さらに効果的です。「お伝えしたいことはAです」ということを冒頭に言い切って、「なぜそう言えるかというと、そこにはBやCということがあるからです」という根拠を次に述べる。そして、最後に「したがって、Aということをお伝えした次第です」という感じで結論を繰り返す、というイメージです。

　補足となりますが、結論を最初に持ってくるべきではない場合も存在します。例えば、心理的な駆け引きが重要であり、できるだけ手の内を見せない方が得策の場合などは、あえて結論は後回しにして出方を探りながらコミュニケーションを図るべきでしょう。そういう意味では、「結論を最初に」ということは、あくまでも原則論であり、コミュニケーションの「基礎編」とも言えるでしょう。しかし、基礎を体得せずして応用には行けません。よくあるのは、多くの「結論が最初に欲しい」コミュニケーションの場面において、無自覚のままに「ミステリー小説型」になってしまうことです。そんな意味合いで、コミュニケーションの基礎技術として「結論をまず冒頭に持ってくる」ということを理解していただければと思います。

SECTION 03

# 結論(伝えたいメッセージ)を一言にまとめる

　伝わりにくいコミュニケーションの典型的なパターンは、伝えたいメッセージがよくわからない、というものです。

　結論を最初に、ということがわかっていても、伝えるべき結論が自分の中でクリアになっていないと、うまくコミュニケーションを図ることができません。こうしたことは、単に考えを整理する時間が不足しているか、もしくは考えすぎて過度に複雑になってしまった場合によく見受けられます。整理されていない状態で何かを伝えようとしても、支離滅裂になって相手を戸惑わせるだけになってしまいます。

　この状態をほぐしていくためには、ぼんやりと頭で考えているだけでは難しいことが多いです。コミュニケーションの場面を想像しながら、伝えたいことを「事前に目と耳で確認してみる」ということが、シンプルながら最も効果的なやり方です。

　著者自身、この「絡まった思考」がほぐれるのを目の当たりにすることはよくあります。目の前に、難解な提案書やプレゼンテーション資料があったとします。いろいろと書いてあるけど、何が言いたいのかよくわからない。そんな時、「結局言いたいことは何だったのですか？　一言で表現してみてください」と問いかけてみます。そして出てきた言葉を一字一句正確に書き記してみるのです。そして、「このプレゼン資料で相手に伝えたかったことは、結局こうい

うことなのですね？　間違いないですか？」と念を押してみます。このようなシンプルな工程を挟むだけで、違和感があれば、直感的に自分で気づくことになり、思考の整理が進んで、言いたいことをまとめられるようになります。

　ちなみに、この工程をコミュニケーションの本番でやってしまう人がいます。思考が整理されていない状態で臨んで、イライラする上司から「で、結局何が言いたいんだ！」と詰められてようやくその場で言いたいことが出てくる、といった場面です。是非、事前に自分で片付けておくようにしましょう。

## 1　相手に刺さるメッセージは、シンプルに研ぎすまされたもの

「結局、一言で言うと何が言いたいのですか？」という問いかけをすると、「一言で言うとＡです。ああ、でもＢも大事ですね。そう考えるとＣも……」というように、「あれもこれも」状態になる場合も、少なからずあります。しかし、「あれもこれも」状態のまま臨んで、それが明確に相手に伝わることはあまりありません。

　大事なことは、言いたいメッセージを一つに絞り込むことです。よく「相手に刺さるメッセージ」という表現を使いますが、「刺さる」ためには一つに絞り込んだメッセージを磨き上げておくことです。絞り込めない場合は、メッセージ間の優劣、主従関係をつけてみましょう。そうすることで、「一言で言うとすれば……」というメッセージが見えてくるはずです。

　伝えたいことをぼんやりと宙で考えていては、まとまりません。もしくは、考えに考えつくしたような資料であっても、そのままの状態ではうまく伝わらないことが多いです。

　最後に、コミュニケーション場面を想像しながら、目と耳で確認してみること。つまり、誰かに一言で話してみる、もしくは一言でまとめたものを書き記してみることが大切です。

SECTION 04

CHAPTER2_communication

# 結論(伝えたいメッセージ)を支える「枠組み」を考える

　メッセージは言いっぱなしではいけません。「なぜそういうことが言えるのか?」という疑問に答える根拠が必要になります。この「答えるべき根拠を適切に揃えること」を、文章の「枠組み」を考える、と表現します。

　1章では、その根拠を考える上で大事なこととして、「演繹法」「帰納法」という2つの論理構成の組み立てについてお伝えしました。その原理原則を踏まえつつ、さらにコミュニケーションの場面で使える「枠組み」の考え方を深めていきましょう。

## 1 「上から下へ」の流れで根拠を考える

　よくあるケースは、「AだからBです」という単純な構成で論理を組み立ててしまうものです。「市場が魅力的なので、私たちも参入すべきです」、もしくは「どうも商品の売れ行きが鈍いので、値下げをしましょう」というようなイメージです。この手の単純な論理構成は、よく見受けられます。メッセージの出し手としては、メッセージもクリア、根拠も十分、と考えがちなのですが、そこは一歩立ち止まって考えてみることが大切です。

　ここでの大事な問いかけは、「そのメッセージを伝える時に、本来必要な根拠は何か?」ということです。最初の「市場が魅力的なので……」という事例で見てみましょう。これで考えてみると、最

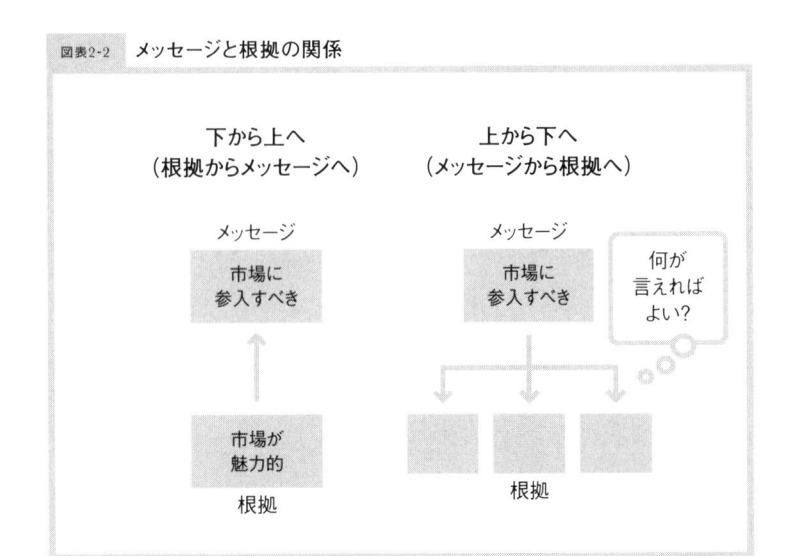

図表2-2　メッセージと根拠の関係

**下から上へ**
（根拠からメッセージへ）

メッセージ
市場に参入すべき

↑

市場が魅力的
根拠

**上から下へ**
（メッセージから根拠へ）

メッセージ
市場に参入すべき　　何が言えればよい？

↓↓↓

根拠

---

終的なメッセージは「市場に参入すべき」ということですが、ここで必要な問いかけは、「もしその市場に参入するとした場合、本来押さえなくてはならない要素は何か？」、もう少し言うと「どういう市場の条件が揃えば、私たちは参入すべき市場だと考えるのか？」ということです。

　そのように冷静に考えてみると、「市場の魅力度」も大事ですが、「その市場で勝てるのか？」「自社のビジョンに即しているか？」ということも押さえるべきポイントでしょう。

　本来、市場参入について意見を言うのであれば、最低限それくらいの根拠は用意しておかなくてはなりませんが、多くの場合は「市場が魅力的だから」という根拠で十分と考えがちです。

　これは、たいてい「根拠から」（＝下から）だけで考えた場合に発生しています。どういうことかというと、「市場が魅力的」という根拠があって、その次に結論として、「だからその市場に入りましょう」という流れだけで考えているのです。もちろん、「根拠から」

メッセージを考えることは悪くありませんが、同時に「メッセージに必要な根拠をゼロベースで考える」ことも併せて行う、ということです。このように「下から上へ」だけでなく、「上から下へ」考えることによって、メッセージはより強固な論理構成になっていきます。

「上から下へ」考える、という頭の使い方はかなり難しい考え方でもあります。これは、「AだからBです」すなわち「下から上へ」の考え方が染みついているということ、そして「上から下へ」考えようとしても実際に上から考えるイメージができないことが背景にあります。

以下では、それを考える具体的なコツを2つほどご提示したいと思います。

### 2 既存のビジネス・フレームワークを活用する

まず一つ目のコツは、既存のビジネス・フレームワークを活用する、ということです。

「フレームワーク」と聞くと、具体的にどのようなものを想定されるでしょうか。代表的なフレームワークとしては、3C（Customer：顧客、Competitor：競合、Company：自社）が有名です。これは自社を取り巻く環境を分析する際に使うフレームワークです。その他にも4Pや5つの力といったフレームワークも存在します。

ここでは、それぞれのフレームワークの説明はしませんが、3Cなどは「わが社が今、取り組むべき課題は○○です」というメッセージを伝えたい場合にその根拠として使い、「市場はこんな状況で変化しています」「それに対して競合はすでにこのような戦い方をしています」「他方で自社はまだまだこんな感じです」というような置き方をすれば、必要な枠組みを考える工程を一気に短縮できます。

フレームワークというと、先に例示したような、どこかの著名な

経営学者が提唱した横文字のものばかりを想像しがちですが、それ以外にも使い勝手がよいものはたくさん存在します。例えば、

- 「課題」「原因」「解決策」
- 「空」（＝現状）、「雨」（＝現状から推測される将来予想）、「傘」（＝必要なアクション）
- 「緊急性」「重要性」
- 「Can（できること）」「Want（やりたいこと）」「Should（やるべきこと）」

などがあります。

このようなフレームワークが自分の引き出しに入っていれば、いざという時に「上から下へ」という考えの一助になるでしょう。

### ③ 相手の立場で考えてみる

もう一つのコツは、「相手の立場で考えてみる」ということです。メッセージを最終的に判断するのは、メッセージの受け手になります。極端なことを言えば、メッセージの受け手が「それで根拠は十分」と思えばよいのです。

その観点に立てば、「そのメッセージを聞いた時に、相手が聞きたいことは何か？」ということから考える、ということはきわめて有効です。

例えば、ある新商品の企画を社内の役員に提案する場合を想像してみましょう。その際に伝えたいメッセージは「わが社は、今こそこういう商品を出すべきです」となります。

それを「相手の立場で」考えてみるならば、相手である役員は何に疑問を持つでしょうか。例えば、「これをやることで、どれくらいの売上や利益が上がるのか？」「それは実際にできるのか？」「こ

れをやることでブランドにどのような影響があるのか？」「なぜ今やるべきなのか？」といったことかもしれません。それらの問いに「根拠」を示せればよいのです。

　具体的には、「こういう商品を出すべきです。なぜなら、まず売上や利益の観点で言うと○○という業績が期待できます。それができるのか、という疑問を持つと思いますが、□□という形で実現は可能です。わが社が重視するブランドにも△△という形でよいインパクトを与えられると見込んでいます。これが少しでも遅れたら、××という理由で効果は薄れる可能性があります。したがって、この商品の企画は今取り組むべきと考えています」という形で説明できればよいのです。

　メッセージを伝える時、ややもすれば「自分の」視点だけで考えがちですが、その手のメッセージは多くの場合、独善的な論理構成となり、相手に刺さることはありません。
　相手の立場で考えた枠組みを構成することによって、初めて相手にとって説得力のあるメッセージになるのです。

SECTION 05　CHAPTER2_communication

# 具体的に語る

　メッセージとそれを支える枠組みの作り方を見てきましたが、最後にもう一つ大事なことは、具体的に語る、ということです。

　どれだけ意味のある枠組みを作っても、具体性に欠けると相手には伝わりません。逆に、論理構成に多少無理があっても、インパクトのある具体的事象があれば、メッセージがダイレクトに伝わることも十分ありえます。

　そのためのポイントは「数字で語る」ことと、「ストーリーを語る」ということです。

### 1　数字で語る

　詳しくは5章で見ていきますが、具体性を出すための一つの方法が、「数字」です。「市場は大きくなっています」というよりも、「この市場は毎年5％成長を遂げています」と語った方が、インパクトは間違いなくあるでしょう。

　数字と言うと、会計や統計や財務、といった多くの人が苦手意識をもつキーワードを想起されるかもしれませんが、必ずしもそういうことではありません。単に伝えたいことを数字で表現してみる、というだけのことです。

　多くの場合、具体的に考え抜かれているコミュニケーションにおいては、重要な部分に数字で語る場面が出てきます。

真剣になればなるほど、数字で考えるようになると言ってもよいでしょう。数字で語れる、ということは、それだけ具体的に考えている、ということの証でもあります。

　数字の解釈の仕方などの応用編は、後の章で触れていきますが、まずは初歩的なところで、「大事な部分は数字で語る」ということを押さえておきましょう。

### 2　ストーリーを語る

　具体性を出すもう一つのやり方は、「ストーリーを語る」ということです。と言っても、大げさな一大物語を語れ、ということではありません。相手にとって情景がイメージできるような話を添える、という話です。

　「現場は相当ばたばたしていて、オペレーションが回っていません」というメッセージを伝える場合、それだけ語っていても相手にはそのイメージがまったく伝わりません。

　そうではなく、「現場ではオペレーションが回っていません。例えば先日、A社からめでたく受注したのですが、それをデリバリーしようとしても、現場からは5日かかる、と言われたのです。普通に考えれば1日でデリバリーできるので、おかしいと思って現場を見に行った時、私は愕然としました。実際に稼働しているのはわずか数名で残りの大多数のメンバーは、顧客からひっきりなしにかかってくる電話の対応に追われていたり、そのための調査でパソコンに向き合っている、という光景が広がっていました」とストーリーを伝えた方が、明らかに伝わりやすいでしょう。

　相手の頭の中に具体的な情景が浮かべば、こちらが伝えたいメッセージを受け取ってくれる下地ができた、ということでもあります。

　しかし、先ほどの「数字」と同様、ストーリーについても、具体的に考えていない人にはほとんど語れません。

### ③ 何を伝えるための「具体性」か、を忘れない

　最後に大事なことが、具体的に語るための目的を絶えず押さえ続ける、ということです。

　1章で「問いを押さえる」ということを説明しましたが、数字やストーリーで考えていると、得てしてそこに没頭してしまい、「そもそもの問いは何だったのか」「どんなメッセージを伝えたかったのか」ということを忘れてしまいます。結果、メッセージに関係ない数字や具体例を語ってしまうことになります。そうなると、数字やストーリーが、一気にメッセージを伝えにくくする要因になってしまいます。

　今、自分は何を伝えようとしているのか。それを押さえ続けることは、基本動作として押さえておきましょう。

　コミュニケーションは、日頃あまり意識せずに行っていることです。「よし、これからコミュニケーションをするぞ」と準備をする機会はまれだからこそ、今まで慣れ親しんだ自分なりのやり方、体に染みついた「クセ」が知らず知らずの間に出てきてしまうのです。それだけに、中途半端に概念を理解しているだけでは、現場で使い物になりません。

　ここまで理解したら、後は実践を通じて自分のものにしていくのみ。概念的な理解にとどめず、ぜひ実践を通じてコミュニケーションのポイントを体得していただきたいと思います。

推薦図書：
『グロービスMBAクリティカル・シンキング　コミュニケーション編』
　　　グロービス経営大学院著、ダイヤモンド社
『一瞬で大切なことを伝える技術』三谷宏治著、かんき出版
『話す技術・聞く技術――交渉で最高の成果を引き出す「3つの会話」』
　　　ダグラス・ストーン他著、松本剛史訳、日本経済新聞出版社

# CHAPTER 3

hypothesis-driven thinking

SECTION
01
|
06

仮説構築力

CHECK LIST

## 仮説構築力　チェックリスト

1　最近、仕事のスピードや質が上がらない、と感じることが多い　　CHECK

2　仮説という言葉の意味、またそれがどうして必要か、を自分の言葉で説明するのが難しい　　CHECK

3　仕事で報告書や提案資料を準備することになったが、そもそも何について書いたらよいのか、イメージできないことがよくある　　CHECK

4　報告書や提案資料は締め切り直前まで、どんなストーリーのものが仕上がるか、自分にもわからないことが多い　　CHECK

5　仮説をもって仕事をすると、強引に結論に持っていくことになるので、仮説はない方がよいと思う　　CHECK

6　よい仮説と悪い仮説の違いをうまく説明できない　　CHECK

7　「日頃、どんな問題意識を持って仕事をしていますか」と問われても答えられない自分がいる　　CHECK

8　ユニークな仮説など、自分には出せないと思っている　　CHECK

論理思考力、コミュニケーション力に続いて、3章では、ビジネスを効率的に進めるために必要不可欠なスキルである「仮説構築力」について考えていきます。
「データをたくさん集めて一生懸命分析したにもかかわらず、うまいプレゼン資料を作ることができない」「試行錯誤が多く、いつも想定以上に時間がかかる」「きみの資料はグラフや表はたくさんあるけど、結局何が言いたいのかわからないと上司に言われる」など、仕事における頭の使い方について悩んでいる方も多いのではないでしょうか。
　実はいわゆる仕事のできる人の多くは、往々にして普通の人とはちょっと違った思考方法で仕事に取り組んでいます。問いに対する答えを根拠から探すのではなく、答えを先に想定した上で、あたかも「逆算」するかのごとく、その答えに必要な根拠を探しにいくのです。
　本章では結果に差がつく思考方法である仮説思考について、そもそも仮説とは何なのか、どのような手順で仕事を進めればよいのか、また、どうやって仮説を作ればよいのかを見ていきます。

SECTION 01　CHAPTER3_hypothesis-driven thinking

# 自分の仮説構築力を
# 理解する

　上司に、来週の営業会議までに「営業力強化に関する提案」をまとめておいて、と突然言われたとしましょう。会社は今期、残念ながら営業成績が計画を下回る状況が続いており、何らかの改善策を取る必要に迫られています。あなたはこれから1週間で報告書作成に取りかからなければなりません。
　みなさんは以下の3つのうち、どれが最も近いでしょうか。

**[ 仮説3級 ]**
**具体的に何が問いなのか、何を書いてよいか、思いつかない**
　うーん、どうしよう……そもそも何を考えればいいかもわからない。頭の中が真っ白。

**[ 仮説2級 ]**
**問いはわかるが、何を書けばよいかをイメージできない**
　いつも部長には「で、結局どうしたいの？」と聞かれるので、解決策は提案しなきゃならない。でも、いきなり解決策では、納得してもらえないだろうから、何で数字が上がらないのか、原因も考えなくては。そもそも何で、営業成績が不振なんだろう。去年まではあんなに調子よかったのに。

[ 仮説1級 ]
答えるべき問いとそれに対するストーリー展開のイメージができる

（日頃の観察から）最近、できる人と、できない人の差が開いて、成績が二極化しているのが気になっている。どうも見ていると、できない人に限って会議とか日報の作成とか、理由をつけてオフィスにいることが多く、客先を回れてないんじゃないか。

部内では提案書の質のことばかりが話題になるけど、実は顧客の訪問数、活動量が成績を決めているような気がする。日報や無駄な会議を減らして、外に出る営業活動の時間を増やすべきなんじゃないだろうか。

多くの方は断片的に、こんなことが原因じゃないか、あるいはこんなことをやればよいんじゃないか、と2級のあたりを行ったり来たりしているのではないでしょうか。

仮説3級は残念ですが、そもそも何を考えたらよいかもわからない状態ですから、先輩や上司に助けを求めるしかありません。

仮説2級は、このままではいつまで経っても具体的に何を書いてよいかわからず、とりあえず営業データを集めて表計算ソフトであれこれ試行錯誤の分析を繰り返すしかありません。

営業会議の直前になって、上司に資料の準備ができていないことを指摘され、「何でもっと早く相談しに来ないんだ」と怒られるのが関の山です。誰かと仕事を分担しようと思ってもこれでは分担のしようがありません。

一方、仮説1級はどうでしょう。例えば、日頃のあなたの周囲への問題意識（できる営業とできない営業は何が違うのか）をもとに、問いに答えるストーリー展開のイメージができていれば、後の仕事は楽になります。

実際にストーリー展開に必要なデータ（訪問件数と成約件数の関

係など）や情報を集めてグラフや表を作り、パワーポイントにまとめるだけでしょう。

　また、事前に答えを想定することで、仮にデータを集めた結果、想定した答えと合わなかった場合でも、なぜ想定した答えと違うかと考えることで、新たな答えへの発想が展開します。

　この1級にあるような、自分の知っている断片的な情報や経験をもとに作った、答えるべき問いに対する仮の答えを「仮説」と呼び、仮説を組み立てることを「仮説構築」と呼んでいきます。

**仮説 ＝（問いに対する）仮の答え／ストーリー**

　みなさんの周囲で仕事ができると言われている人を観察すると、仕事に取りかかる前に多かれ少なかれ自分の「仮説」を持って単なる試行錯誤だけではなく、意図を持って仕事をしている場合が多いはずです。

　ここではさらにそもそも仮説を持って仕事をするとどのようなメリットがあるのか、どのようなプロセスで仕事をすればよいのか、ビジネスで「使える」仮説とは何か、どうすれば「使える」仮説を持つことができるのかをみなさんと一緒に考えていきます。

SECTION 02　CHAPTER3_hypothesis-driven thinking

# 仮説思考のメリットを理解する

## 1 仮説思考によって、仕事のスピードとクオリティが向上する

　仮説を持って思考する、仕事をすることをシンプルに「仮説思考」と呼ぶことにしましょう。
　そもそも仮説から逆算して仕事をすると何がよいのでしょうか。仕事上のメリットは以下の2つに集約されます。

**仮説思考の仕事のメリット ＝ スピード↑ × クオリティ↑**

　仮説を持って仕事をした場合と、仮説をまったく持たずに仕事をした場合を考えてみましょう。
　仮説を持たないで仕事をする、ということは、試行錯誤のみで仕事を進める、ということになります。時間が無限にあれば、この方法でもいつか答えにたどり着けるかもしれません。ただ、ビジネスでは常に限られた時間で結果を出すことが求められています。
　仮説を持って仕事をすることのメリットは、試行錯誤による余計な作業をしなくてもよい、したがってスピーディかつ集中して精度の高い仕事ができることです。

② 仮説は「外れた」場合に効果を発揮する

　仮説思考の話をすると、必ず聞かれるのが、「仮説を持つことで強引に結論に持っていくことになるのではないか？」「決め打ちになるのではないか？」ということです。
　確かに仮説は正しいかどうかわからない「仮の」答えですからデータを分析し検証してみると仮説の通りとはならず、結果として外れることも往々にあります。データを無視して突っ走れば、強引に決め打ちすることになりますし、これは避けなければなりません。
　しかし、実は仮説を持って仕事をしている場合と持っていない場合とで違いが出るのは、まさに「外れた」場合なのです。仮説を持たずに仕事をした場合、往々にして、「外れたから次」というように、「なぜ？」と問うことなく次のアクションに突き進んでしまう傾向があります。仮説を持って仕事をし、意に反して仮説とは異なる結果になった場合、他人に言われなくても仮説のどこが間違っていたのか、「なぜ？」と自分に問わずにはいられなくなります。
　もし冒頭の営業力強化のケースで、仮説とは異なり、営業担当者の顧客訪問件数と成約数に関係性が見られないのであれば、営業成績はどうも営業の活動量、訪問数だけで決まるわけではないと考えられます。
　他の可能性はないか、改めて、できる営業担当者と普通の営業担当者の行動を具体的に思い返して比較してみると、「できる営業担当者は営業前段階で顧客に対するリサーチを欠かさずに行っていた」ということが思い出されました。「営業成績を分けているのは、活動量ではなく、お客さんに対する事前のリサーチのクオリティなのではないか？」こういった新たな仮説が思いつけば、しめたものです。この結果が正しいかどうかは別にして、また新しい世界が見えてくるようになるでしょう。

SECTION 03

CHAPTER3_hypothesis-driven thinking

# 仮説思考で仕事を進める

　仮説思考で取るべきステップを見ていきましょう（図表3-1）。最初の思いつきレベルの初期仮説をデータや事実で補強しながら、より確かな仮説へ育ててアクションを取ることになります。

　このステップのうち、特に大事なのは最初の2つ、「目的（問い）を押さえる」、と「仮説を立てる」、の2ステップになります。このうち、最初の目的（問い）の押さえ方は、1章の論理思考を参照ください。

　最初に仮説を立てる際、仮説のネタとなる情報を事前に集めることもありますが、特に最初のうちはこの部分は意識して最小にすべきですし、実際にはスキップしてもよいぐらいの気持ちで、まず自分がすでに知っていること、経験をもとに考えてみましょう。自分が座っている会社の席から、半径数メートルのところに座っている何人かに意見を聞く程度で十分です。特にデータがないから何も考えられない、という「データ依存症」は絶対に避けるべきです。

　情報過多の時代にあって、データや情報がないまま考えるのは、とてもつらいことです。ただ、ここで踏ん張ってまず考えられるかどうかが思考の質を左右します。情報が不完全だから考えられない、ではなく、情報が揃ってなくても想像力を働かせて考えてみましょう。

　仮説思考に基づく仕事の流儀で参考になるのは「思考のプロ」が

図表3-1　仮説思考のステップ

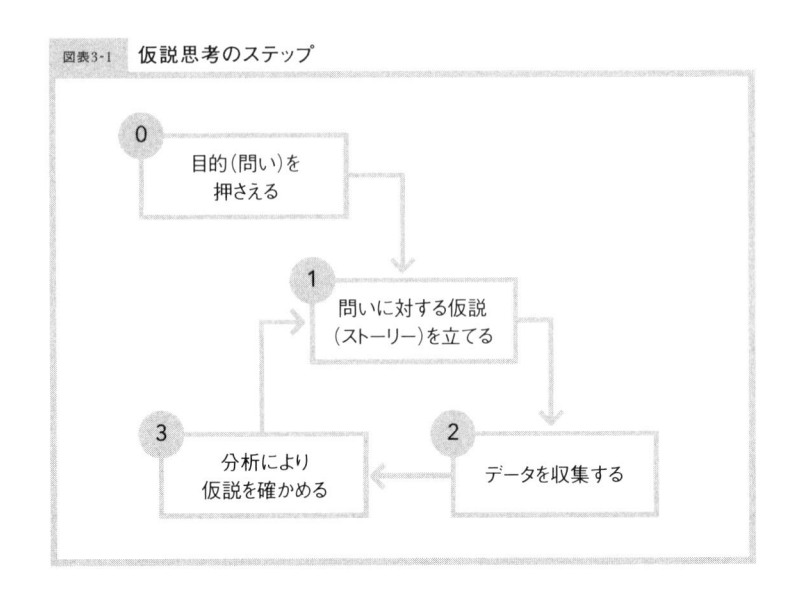

- 0 目的(問い)を押さえる
- 1 問いに対する仮説(ストーリー)を立てる
- 2 データを収集する
- 3 分析により仮説を確かめる

集う経営コンサルティングでの仕事の進め方です。

### 1 コンサルタントは仮説から逆算で考える

　コンサルティングで取り組む顧客（クライアント）の課題は自分の経験値がある分野のこともあるのですが、実は経験値や知識がない業界や、土地勘のない事業を手がける企業のプロジェクトなどに取り組まなければならないことも多いのです。

　このような場合、初期仮説を立てるために最初の数日〜1週間程度で急速にその業界に関する知識をインプットします。ネットでの検索、各種調査、業界誌はもちろんのこと、コンサルティングファーム内にいる業界の経験者、あるいは顧客企業のOBなどにコンタクトし、業界の構造や顧客企業の直面する問題点をつかむのです。

　その上で、実際のプロジェクトが始まって本格的に得られた情報をもとに、かなり早い段階（数週間程度）で仮説としての答えを出し、パワーポイントによる最終報告をイメージして、その仮説をも

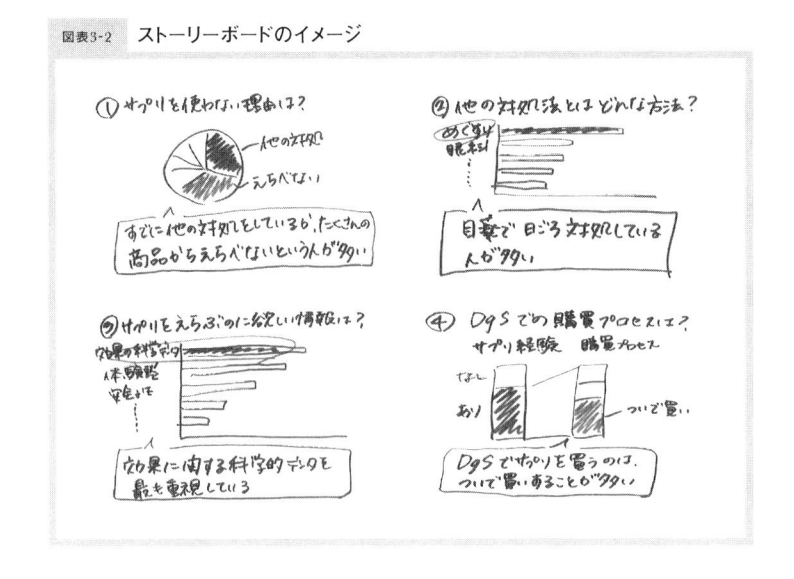

図表3-2　ストーリーボードのイメージ

とにしたストーリーを作ってしまいます。

　具体的には、次の図表3−2に示すように、それぞれのスライドに仮説としてのメッセージラインを書き込み、そのメッセージをサポートするにはどのようなグラフやインタビュー結果が必要か、その時点での実際のデータの入手有無に関係なく組み立てていきます。まさに仮の報告資料を想像力をフル回転して事前に作ってしまうのです。そして、その資料を検証する形で分担して実際にデータを集めて仮説検証的に資料を作っていきます。

　仮説としての言いたい結論、その結論を言うために必要な根拠を起点に仕事を進めていくのですから逆算思考と呼んでもよいかもしれません。

　若いコンサルタントが短期間に仮説構築力を伸ばすことができる理由は、まさにこの仮説思考、仮説検証のプロセスを高速で繰り返すからに他なりません。

## ② セブン-イレブンの強さを支える仮説思考

　仮説思考を明示的に業務に織り込んで高い業績につなげている例は、みなさんの身近にも存在します。

　セブン-イレブンでは、オーナーからアルバイトに至るまで、実は仮説思考で商品を発注することが求められています。すなわち、販売実績などの客観的なデータに加え、顧客の潜在的なニーズを察知するための先行情報（イベントの有無、天候、気温など）をもとに、「おそらく顧客はこういう理由でこういった商品を求めるはずだから、この商品が売れるはず」という自分なりのストーリーを作って商品を発注します。

　その上で、販売後にPOS（店舗販売）データをもとにどの商品がどの時間帯にどのくらい売れたか、立てた仮説を検証するのです。

　この仮説思考、仮説検証を毎日繰り返して商品発注の精度を上げていくことになります。これはセブン-イレブンが発注精度を売り

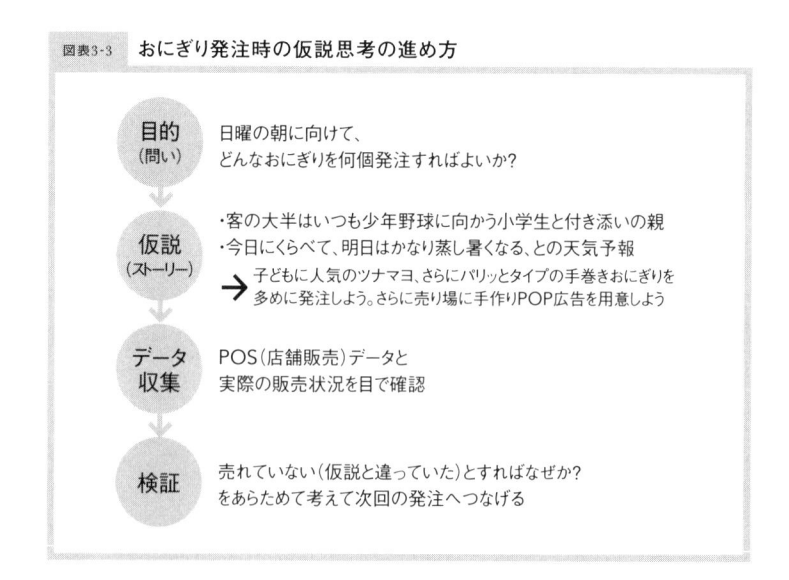

### 図表3-3　おにぎり発注時の仮説思考の進め方

**目的（問い）**
日曜の朝に向けて、どんなおにぎりを何個発注すればよいか？

↓

**仮説（ストーリー）**
・客の大半はいつも少年野球に向かう小学生と付き添いの親
・今日にくらべて、明日はかなり蒸し暑くなる、との天気予報
→ 子どもに人気のツナマヨ、さらにパリッとタイプの手巻きおにぎりを多めに発注しよう。さらに売り場に手作りPOP広告を用意しよう

↓

**データ収集**
POS（店舗販売）データと実際の販売状況を目で確認

↓

**検証**
売れていない（仮説と違っていた）とすればなぜか？
をあらためて考えて次回の発注へつなげる

手としての最も大事な業務の一つだと考えているからです。

　多くのコンビニエンスストアは、見た目にはほとんど同じように見えます。ただ、その中でも最多店舗数を誇るセブン-イレブンが、なぜ他チェーンよりも10万円近く高い平均日販を維持できるのか、それを支える組織能力の一つがこの仮説思考にあると言われているのです（『なぜ、セブンでバイトをすると、3カ月で経営学を語れるのか？』勝見明著、プレジデント社）。

　1回だけの仕事であれば、仮説を持って仕事をしても仮説を持たずに仕事をしても結果に大した差は出ないかもしれません。ただ、経営コンサルティング、セブン-イレブンの例からもわかるように、差が出てくるのはこの仮説思考のプロセスを繰り返せるかどうかにかかっているのです。

# 「使える」仮説を構築する

　ビジネスパーソンであるみなさんが考えなければならない「仮説」とはどのようなものでしょうか。ビジネスですから、結果を出すためのアクションを取り続けなければなりません。使える仮説、よい仮説とは、最終的にアクションにつながるものでなければならないのです。

　例えば空いっぱいに広がる雲を見て「空は曇っている」と考えたとしても、現状を実況中継しているだけでアクションのイメージはまったく湧きません。ただ、もし同じ空を見て、「曇っているからこれから雨が降りそうだ」と仮説を考えたとすると、「だったら会社へは傘を持っていこう。ベランダの洗濯物も出かける前に取り込んでおこう」とアクションにつながります。

　本章冒頭58ページからの営業力強化のケースでも、「営業成績が二極化しているのでは」という現状の仮説だけではこれをデータで検証できたとしてもアクションにはつながりません。

　So what?（だから何なの？）とさらに自らに問いかけ、「できない人の底上げが必要ではないか」→「できない人は内勤に時間を取られ、顧客訪問ができていないのでは」と、原因の仮説まで結びつけて初めて、「だったら無駄な時間を減らして訪問数を増やせばよいのでは」といった解決策のアクションが見えてくるのです。

# 使える仮説を構築する「問い」を身につける

1章では「本質的な問いを押さえる」ことが論理思考のポイントとして重要であることを見てきました。

ここではさらに踏み込んで、仮説を生み出すために、よく使われる問いのパターンを押さえておきます。というのも、仮説が立たない場合、そもそも問いがきちんと押さえられていない、イメージできていないケースがしばしばあるからです。よく使われる問いのパターンがわかれば、仮説を作る際の取っ掛かりになります。

2章で「既存のビジネス・フレームワークを活用する」というポイントを取り上げましたが、このフレームワークは問いを立てるためのフレームワークとしても活用が可能です。

2章でも紹介した3Cは、新商品の開発に取り組むことを想定すると「Customer：ターゲットとなる顧客は誰で、なぜうちの商品を買ってくれるのだろうか？」「Company：わが社は顧客が買ってくれる理由をうまく満たせるのだろうか？」「Competitor：競争相手はどのような戦い方で挑んでくるだろうか？」とそのまま問いに翻訳しても使えます。

同様に、営業やマーケティングに必要な主要素を問う4P（商品、価格、広告・宣伝、販売経路）、AIDMA（その製品の存在は知られているか？（Attention）、興味を持たれているか？（Interest）、欲しいと思われてるか？（Desire）、記憶されているか？（Memory）、

最終的に購買行動に至る可能性は高いか？（Action））や経営戦略の5F（業界内の競争は激しいか？　顧客からのプレッシャーは厳しいか？　サプライヤーからのプレッシャーは厳しいか？　新規参入してくるプレイヤーは強いか、多いか？　代替品の脅威はどうなっているか？）をはじめとして、各分野には先人たちの知恵の結晶としてのフレームワークが用意されています。

　このようなフレームの要素ごとに問いの形に翻訳して考えることで、仮説を考える際の糸口として使うことができるのです。

　これ以外にも問題解決によく使われる、汎用性の高い問いのフレームワークとして、What-Where-Why-Howがあります。

1．What：そもそも取り組むべき問題（あるべき姿と現実のギャップ）は何だろう？
2．Where：どこに問題があるのだろう？
3．Why：なぜ問題が起きているのだろう？
4．How：解決策は何だろう？

　問題解決の際は、どうしても関心のある原因や解決策の仮説に思考が飛びがちですが、このような順番で問いを立てればよいことを知っていれば、いきなり解決策のHow?の仮説に飛ぶことなく、「これがそもそも考えるべき問題だ」という問題の仮説、さらに「ここに問題は局在しているはず。だからこういった分析が必要」といった形で問題の所在と必要な分析方法の仮説を順番に丁寧に押さえることが可能になります。

　フレームワークの引き出しを増やし、問いのフレームワークとしても活かすことで、ぜひ仮説を引き出す糸口としても使ってみましょう。

CHAPTER3_hypothesis-driven thinking

SECTION 06

# 初期の仮説を生み出すために引き出しを増やす

それでは仮説はどのように生み出せばよいのでしょうか。最も多くの人が疑問を抱くのはまさにこの部分になります。

既述の問いのパターンは仮説を生むきっかけには使えるのですが、では、問いに対してどのように仮の答えを考えればいいのでしょうか。

仮説構築力、仮説構築の推進力の源は「問題意識」と仮説の「引き出し」に分けて考えることができます。

**仮説構築力 ＝ 問題意識 × 引き出し**

仮説を構築しようという推進力としての仕事への問題意識と、仮説のタネとなる知識や情報の引き出しの2つがあって初めてビジネスで「使える」仮説が生み出せるのです。

## 1 問題意識を持つことが仮説のスタート

言うまでもありませんが、日々どれだけの目的意識、問題意識（もっとこうしたい、このままではまずい、など）を持って仕事に取り組んでいるかが、仮説構築のスタート地点です。

明日も今日とまったく同じように仕事をすればよいのであれば、

おそらく仮説構築自体、ほとんど必要ないかもしれません。もっとよい仕事がしたい、未来をよりよく変えたい、こういった問題意識があってこそ、初めて仮説構築の意味が生まれますし、「なぜこうなるのだろう？」という疑問も湧き、仮説を立ててみようという前向きのエネルギーも生まれるのです。

また、問題意識の有無は、次に説明する引き出しにも大いに影響します。みなさんも、自分の関心のある趣味やアーティストの話題であれば何気なく見ている情報だとしても頭の中に無意識のうちに残るのではないでしょうか。

問題意識を持って仕事をしていると、おもしろいことに氾濫する情報の中から仮説のタネとなる関連する知識、情報が自然と自分の頭に飛び込んでくるものです。

## ② 引き出し（ビジネスへの理解）がなければ仮説は立たない

仮説、というと何かとても頭のよい人が何もないところから新しいアイデアをひねり出すようなイメージを持っているかもしれません。ロングセラーとなっている、ジェームス W・ヤングの『アイデアのつくり方』（阪急コミュニケーションズ）には「アイデアとは既存の要素の新しい組み合わせ以外の何ものでもない（"An idea is nothing more nor less than a new combination of old elements"）」と記述されており、著者も大好きなアイデアの定義です。

今、アイデアを仮説と読み替えれば、まさに「仮説とは既存の要素（知識）の新しい組み合わせ以外の何ものでもない」といったところでしょうか。1章の演繹法でも書きましたが成功する知識の組み合わせの可能性を増すためにも、ビジネスに関する知識の幅を広げておくことが大切になります。

ゼロを何倍してもゼロにしかならないように、仮説のもととなる

ビジネスのメカニズムに関する知識、引き出しがまったくない状態では初期仮説すら立てることができないでしょう。

ビジネスのメカニズムに関する自分の引き出し、仮想的なデータベースをいかに自分の中で整備できるか、これがビジネスで「使える」仮説を生み出せるかどうかの成否を分けます。

**仮説の引き出し ＝**
**知識（経験から得た知識 ＋ 学習で得た知識）＋ 情報**

仮説のタネとなる引き出しには知識と情報という、大きく2種類があります。情報については、4章の情報収集力の章で記述しますので、ここでは仮説構築に必要なビジネスの知識について説明します。

知識のうち、まず最も大切なものは、仕事をはじめとする自分の経験から得られた知識です。日々の経験は「こうしたら、こうなった」という知識の形で蓄積されていきます。経験は自らが体験したことですから、頭に最も深く刻み込まれることになります。

一方、経験から得られる知識は経験できることしか学べない、すなわちその幅と深さが業務で経験できることで限定されてしまう、なかなか全体感が持てない、構造化ができないという大きな限界を持っています。この経験を補うのが、体系的に学ぶことによって培われる知識です。

どのような知識がどこまで体系的に必要になってくるのかは、みなさんが直面している「問い」のレベル感にも依存します。

例えば、「明日、おにぎりを何個発注しようか？」であれば、先輩から教えてもらった、どのような要因（天候や近所でのイベントの有無など）が購買に影響しそうか、という知識があれば仮説を考えるのには十分かもしれません。

ただ、コンビニの店長になって「どうすれば利益を増やせるか？」という問いに答えるためには、売上と費用をはじめとする会計の知識はもちろんのこと、増収のためのマーケティングの知識も必要になるでしょう。みなさんのポジションが上がり、より高い視座が要求される「問い」に答えなければならないほど、必要な知識の幅、視野も広がってきます。

　今までとは質の異なる「問い」に対して、すぐに「仮説」が立てられるかどうか。これが会社でポジションを上がっていく時に直面する一つの大きな課題です。
　しかし、あるポジションに就く前には、その仮説を立てるための経験を積むことはできません。したがって、もし高いポジションに就いても高いパフォーマンスを発揮しようと思うのであれば、そのポジションに就く前から、自分なりに学習を重ねて、完璧ではないにせよ、ある程度の仮説のイメージが立てられる状態にまで仕上げておく必要があります。
　そのためには、学習や経験を通じて知識の引き出しを増やすとともに、仮説思考の場数を多く踏むことが不可欠です。
　量は質に転化します。この本で学んだことを参考に、是非、仮説思考のトレーニングをしてみて下さい。

推薦図書：
『ビジネス仮説力の磨き方』グロービス著、嶋田毅執筆、ダイヤモンド社
『仮説思考』内田和成著、東洋経済新報社
『戦略脳を鍛える』御立尚資著、東洋経済新報社

# CHAPTER 4
## information gathering

SECTION
01
|
03

情報収集力

CHECK LIST

# 情報収集力 チェックリスト

1　どのような状況下でも、情報収集には同じだけの手間暇をかけてしまう　CHECK

2　どんなアウトプットをするのか、ということを意識する前に、とりあえず情報収集を始めることが多い　CHECK

3　情報収集は、インターネットなどに公開されている情報を効果的に集めてくることがすべてだと思っている　CHECK

4　二次情報について、情報の前提を考えずにそのまま活用することがある　CHECK

5　インターネット上にある情報をその真偽を確認することなく、そのまま材料として使うことがある　CHECK

6　アンケートを取る際、自分の仮説を明確にすることを意識したことがない　CHECK

7　インタビューでは、相手が言ったことをそのまま信用することが多い　CHECK

8　情報収集の依頼があった際、その背景、納期、予算を確認せずに進めている　CHECK

ビジネスに携わっていれば、「情報収集」と無縁の方はいないでしょう。
「何らかの正式な報告書を作成するための調査」というレベルになると、その機会は限られるかもしれませんが、上司から「〜を調べておいて」という要望程度まで含めれば、情報収集はみなさんが日常的に行っているはずです。
　しかし、日常的な行為であるにもかかわらず、情報収集に関する定石はあまり知られていません。「情報収集はGoogle検索で十分」、と思っている人は意外に多いのではないでしょうか。

「Garbage in, Garbage out」という言葉をご存じでしょうか。直訳すれば、「ゴミを入れても、ゴミしか出てこない」ということです。つまり「信頼性の低いデータを使えば、どんなに高度なスキルを使って分析しても、意味のある結果は出てこない」ということであり、根本にある「情報の精度」の重要性を表す言葉として使われます。
　私たちは、ゴミを使って新たなゴミを量産していないでしょうか。本章では、このような状況に陥らないように、基本的な情報収集の定石を押さえていきます。

SECTION 01

CHAPTER4_information gathering

# 仮説構築の場合は、Quick & Dirtyの情報収集を心がける

　情報収集と切っても切れない関係にあるのが、3章で取り上げた「仮説」というキーワードです。ここでのポイントは、「仮説を『構築』するための情報収集と、仮説を『検証』するための情報収集は異なる」ということです。

　具体的に考えてみましょう。みなさんの会社で出した新商品の売れ行きが芳しくなかったとします。それに対して、「その原因を調べて来い」と言われたとき、まず大事なことは、その原因に対する仮説を立ててみる、ということです。そして、もしこの状況に対して、浮かんでいる仮説らしきものが、まだ十分な情報に基づいておらず、思いつきの範疇を出ないのだとしたら、着手すべきは「仮説構築のための情報収集」になります。

　3章でもふれた通り、「仮説の引き出し」には情報が必要になります。全く情報がない状態では仮説も立ちません。

　他方、「売れ行きが悪いのは、商品そのものというよりも、売るべき商品が多すぎてまともに営業ができていないことに原因があるのではないか？」というように、ある程度の原因仮説が見えており、それなりの情報に基づいている場合は「仮説検証のための情報収集」が求められます。

　では、この2つの情報収集のやり方は、具体的に何が違うのでしょ

うか？　簡単に言えば、かける手間暇が違います。

「仮説構築のための情報収集」は、「Quick & Dirty」（＝手早くざっくりと）、つまりあまり時間をかけずに手早く行う、というのが基本です。この段階で詳細な情報収集を行う必要はありません。

では、どうしたらそのQuick & Dirtyを実現できるのか。そのために必要なことは、いきなり細かいところに行かず、とにかく全体像を押さえるということに注力する、ということです。

もし先の状況のように、売上が落ちているのであれば、経年の売上推移、商品ごとや地域ごとの売上分布、というように、情報収集自体にそれほど苦労しない大まかなデータを把握することが大事になります。

この大まかなデータでも、しっかり見つめれば、「おや？」と思うところは数カ所見つかるはずです。その「おや？」ということが、仮説のタネになります。

「このタイミングから売上が落ちている、ということは○○ということか？」「この地域だけ落ちているということは、□□に原因があるのではないか？」というようなイメージで、まずは大まかなデータから、ざっくりとした仮説を立てる、ということに注力してみましょう。

ありがちなのは、この仮説が十分に立っていない段階から、ある細部に執着して時間をかけてしまう、ということです。そうなってしまうと、その細部を調べても何も見当たらなかった時の手戻り（＝時間ロス）が大きくなります。

著者は、仮説を作るための情報収集において、1日以上は時間をかけないというルールを決めています。いずれにしても、順番としては、まずはQuick & Dirtyで状況を眺めて仮説を立ててみる、ということです。

CHAPTER4_information gathering

# 「仮説検証」のために情報を収集する

　では、仮説を構築した後の仮説検証のための情報収集はどうすべきなのでしょうか。先ほどの仮説構築の場合は、Quick & Dirty、つまり手早く粗く、が大切でしたが、ここからの仮説検証の場合はモードが変わります。先ほどのQuick & Dirtyとは逆に、しっかりと手間をかけた情報収集が求められます。

　その情報収集を実行するまでのプロセスは、大きく分けて「アウトプットのイメージ作り」→「枠組みの確認」→「情報収集方法の決定」という3つのステップになります。以下、それぞれ確認していきましょう。

### 1 アウトプットを先回りしてイメージする

　まず情報収集し、仮説検証した結果として、どのようなアウトプットをしたいと考えているか、ということを先回りしてイメージしておくことが重要です。

　これは、すでに3章の仮説構築力で書かれていることなので、詳細は割愛しますが、簡単に振り返ってみましょう。

　先に挙げた事例のように「新商品の売れ行きが悪いのは、商品そのものというよりも、売るべき商品が多すぎてまともに営業ができていないことに原因があるのではないか？」という仮説を持っていたとしましょう。そうした時に、まず着手したいのは、それがしっ

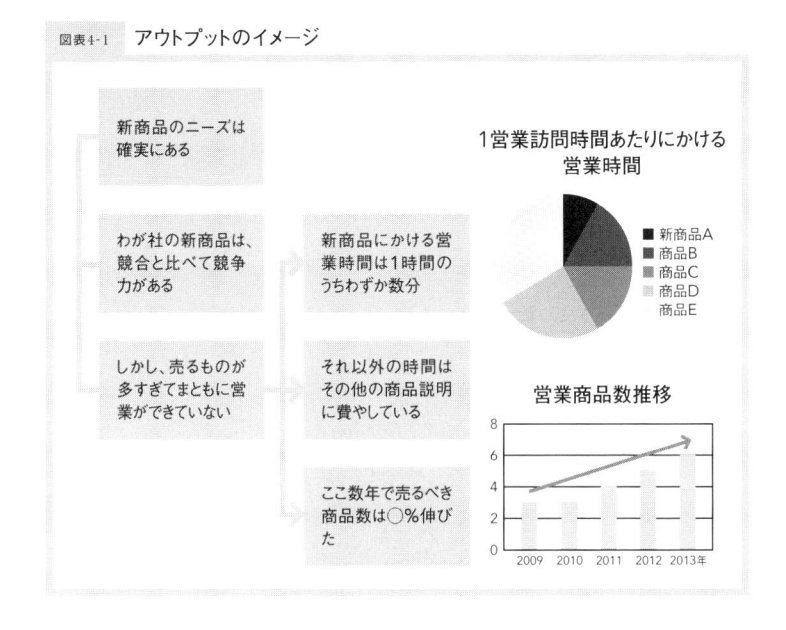

図表4-1　アウトプットのイメージ

- 新商品のニーズは確実にある
- わが社の新商品は、競合と比べて競争力がある
- しかし、売るものが多すぎてまともに営業ができていない
- 新商品にかける営業時間は1時間のうちわずか数分
- それ以外の時間はその他の商品説明に費やしている
- ここ数年で売るべき商品数は○％伸びた

1営業訪問時間あたりにかける営業時間（新商品A／商品B／商品C／商品D／商品E）

営業商品数推移（2009〜2013年）

かりと言えている状態のプレゼン資料などをあらかじめイメージする、ということです。

　このメッセージは、大前提として「この商品に対するニーズはある」ということ、「競合の商品と比較しても競争力がある」ということが言えなくてはダメです。「営業体制こそが問題」と言うためには、「営業体制以外には問題はない」ということを示さなくては、論理的に通じないからです。その大前提を示した上で、「まともに営業現場で営業行為ができていない」ということと、「その背景には売るものが多すぎる」ということを示す必要があります。

　前者の「営業行為ができていない」ということについては、1時間の営業訪問時間における新商品の営業時間ということを調べた結果、それが1時間のうち、たった数分である、ということを示すような仕上がりがイメージできるでしょう。

　そして、「売るものが多すぎる」ということについては、先のデー

タの延長で、新商品の営業にかけている数分以外の時間の使い方を示すとともに、商品数のここ数年の推移を出すようなイメージができるでしょう。

まずはラフでもよいので、このような仕上がりイメージをしておくことで、情報収集がしやすくなります。

### ② 枠組みを確認する

そして、アウトプットを支える大きな枠組みを確認しましょう。2章、3章においても触れましたが、何らかのアウトプットを出すためには、その下に根拠となる支え（＝枠組み）が必要になります。先ほどの新商品の事例で言えば、3C（顧客、競合、自社）を枠組みとして、アウトプットを組み立てていることがわかると思います。

こういった仮説作りのために使った枠組みを確認しておけば、その枠組みにしたがって情報収集をすればよいことが明確になり、片っ端から調べるということはなくなるはずです。

情報収集を徹底的にやればやるほど、情報の量に圧倒されて、身動きが取れなくなるということが起きます。そうならないためにも、枠組みをその後に続く具体的な情報収集の際のインデックスとして活用することをお薦めします。

### ③ 情報収集の手段を決める

その上で、手を動かす前に、どのような情報収集の手段を活用するのかを考えておく必要があります。

情報収集の手段としては、大きく分けて、自分で直接収集した情報である「一次情報」と、誰かが何かの目的ですでに調べた情報である「二次情報」があります。この2つを効果的に組み合わせて考えていくことが重要です。

SECTION 03

CHAPTER4_information gathering

# 情報収集の技術を身につける

では、実際の情報収集の際に注意すべきことを具体的に見ていきましょう。

## 1 一次情報と二次情報を組み合わせて情報収集をする

代表的な一次情報としては、自ら行うアンケートやインタビュー、もしくは行動観察などの手段が存在します。

二次情報としては、官公庁の統計データや新聞・雑誌・書籍、論文や各種レポート、インターネットでの検索もこの二次情報のカテゴリーに入るでしょう。

一口に情報収集と言っても、このように多くの手段が存在することを理解しましょう。本章冒頭77ページに例示した「Google検索」といったものは、この情報収集の全体感の中の一部分でしかありません。その上で、一次情報、二次情報ともに、いくつか重要なポイントを整理しておきます。

## 2 二次情報は「前提」を押さえる

多くの場合、実際に利用する機会が多いのは、二次情報になります。あまり手間がかからず、スピーディにできるからです。

しかし、二次情報というのは、先に述べた通り、「誰かが何らか

の意図を持って」収集した情報になりますので、情報そのものを鵜呑みにすることは危険です。いくつか押さえるべきことがあります。

まずは情報の「前提」を理解する、ということです。ここでは事例を通じて見てみましょう。

「若者の読書離れが深刻化している」といったことを耳にする機会が増えたと思います。これは本当なのか。実際に二次情報を通じて調べてみましょう。

まず、それを直接的に裏付けそうなデータがありました。「全国大学生活協同組合連合会」が毎年出している「学生実態生活調査の概要報告」の2014年度（第49回）のデータによると、「1日の読書時間は平均26.9分で、同じ方法で調査している2004年以降で最も短く、まったく本を読まない学生は40.5％と、初めて4割を超えた」ということが記載されています。マスメディアのニュースやインターネット上の記事においても、4割という数字が強調されて多くの人の関心を引いていました。

これだけを見ると、確かに「若者の本離れ」が進んでいるように見えます。しかし、結論を急ぐ前に、このデータの「前提」を確認してみましょう。

まずこのデータの対象となっている大学生とは、誰でしょうか。それは、「生協が毎年経年で比較するために指定している30の大学に通学している学生8,930名」になります。また、この生協の調査においては、国公立大学と私立大学学生の比率は、データを見るとおよそ6：4で国公立が多いことになっていますが、先の学校基本調査のデータによれば、実態は2.5：7.5くらいの比率で、圧倒的に私立大学の在籍者数が上回っています。

つまり実態に比較して、圧倒的に国公立大学に偏ったサンプルである、と言えると思います。

さらに、もう一つ大きな前提は、読書を「読書時間」という軸で

図表4-2　5月1カ月の平均読書冊数の推移

出所:公益社団法人全国学校図書館協議会「第59回読書調査」

測定している、という点です。公益社団法人全国学校図書館協議会の「第59回読書調査」によれば、小中高生、いずれにおいても「読書冊数」においては伸びている、というデータが出ています。

　この調査には、肝心の大学生についてのデータがないので、直接的な比較はできませんが、読書時間と読書冊数のどちらで「読書」を測るのか、あるいは「若者」という言葉の範囲を大学生だけに限定するのか、それ以外まで広げるのか、という前提の置き方によって、見えてくる結果は変わります。

　さらに言えば、読書と認められる本は、どこまでの範囲を指すのか、コミックはNGなのか、ケータイ小説は認められないのか、なども判断が難しそうです。

　もちろんここでは、このデータの良し悪しを論じているわけではありません。この生協のデータをもとに、「若者の読書離れが進んでいる」ということを声高に言おうと思うのであれば、少なくともこのデータの拠り所になっている「前提」、「若者とは国公立を中心

にした大学生が対象であり、その読書時間をベースにしている」ということを意識しておかなくては痛い目に遭う、ということです。

その他、二次情報を扱う際の注意として、

・どのような調査手段を使った情報なのか？
・どのようなデータの加工がなされているのか？

といった点も押さえる必要があります。

今回の「若者の読書離れ」の例でいけば、「実際に学生に対してどんな質問をしているのか」ということは気になるでしょう。みなさんが「1日平均で読書時間はどれくらいでしょうか？」という質問をストレートにされたとしたら、しっかりと記録していない限り、出てくる数字はかなり怪しいものになるのではないでしょうか。

読書習慣に波がある人であれば、いつ聞かれるかによっても、回答が変わるかもしれません。実際に一定期間記録を取った上での回答なのか、それとも唐突に数字だけを訊ねたアンケートなのか、といったような調査方法そのものも具体的に見る必要があるでしょう。

そのような前提になる情報がグラフの下の注意書きなどに書かれていることもありますが、前提情報が引用の結果として脱落し、前提条件のない情報だけが独り歩きする、ということもしばしば見受けられます。

いずれにしても、二次情報というのは、このようにすでに誰かの手にかかって加工・編集されたデータであるため、その裏側の仕組み・作成者の意図を確認してから使うべきです。安易な二次情報の拝借は十分気をつけましょう。

### ③ インターネットでの情報は「裏」を取る

気をつける、という流れで言えば、インターネットで得た情報を

活用するときも慎重になるべきでしょう。インターネットで出回っている情報の多くは、十分な根拠がないままに、憶測ベースで述べられていることが多いです。

単なる趣味や娯楽で見る分にはまったく問題ありませんが、それをビジネス上の仮説検証の材料として使うにはかなり危険です。

先ほどの「若者の読書離れ」のようなものがインターネット上にあり、もしその情報を検証材料に使いたいと思ったとしたら、少なくともその主張の裏側にある根拠に直接あたってみましょう。

出典が掲載されていない場合は、その情報は使うべきではありません。その出典サイトのドメインが、or.jp（財団法人などの法人組織や国際機関など）、ac.jp（高等教育機関）、go.jp（政府機関）といったものであるかどうかもチェックポイントになるでしょう（ただし、途上国などの場合は、国の公式データと言っても時として信頼できないデータが掲載されている場合がありますので要注意です）。

また、出所が曖昧な場合は、最低2種類の情報源からの検証（クロスチェック）をしてみましょう。

加えて、最近気になるのが、Wikipediaのデータをもっともらしく出典として活用する方がいる、ということです。Wikipediaの方針には「不完全な記事を投稿することも歓迎されるべき」と記されている通り、信頼に足る情報ではありません。

もちろん信頼性の高い情報もありますが、専門性が高く、あまり一般的ではない事象になればなるほど、書き手（＝誰だかわからない匿名の書き手）の主観に大きく左右される傾向にあります。

キーワード検索でも上位にくることが多いため、つい見てしまいがちですが、誤った先入観を植え付けられるという危険すらあります。少なくとも、Wikipediaだけを見て「情報収集完了」とするのは止めておきましょう。

### ④ 自分で直接得た一次情報を大切に

　さて、今まで説明してきたように、二次情報はインターネットから官公庁のデータまで多岐にわたるものがありますが、ピンポイントの情報が見つかることは決して多くありません。その時に「探しても見つかりませんでした」で終わるのではなく、一次情報、つまり自分で情報を作り出す、というアプローチも存在します。

　とある飲食チェーン店があり、都内オフィス街における売上減少に悩んでいたとしましょう。あなたは「競合店舗に負けているのではなく、ひょっとしたら、家庭からの持参も含めた『弁当』に取って代わられたのではないか？」という仮説を立てたとします。しかし、このような仮説を直接裏付ける情報は、二次情報ではほとんど存在しません。こういう時には「情報がない」とあきらめるのではなく、当然ながら自分で取りにいきましょう。

　知人、友人も含めて、簡単なアンケートをするのもよいでしょう。もしくは、実際にランチタイムに都内オフィス街の店舗の前に張り付いて、通行人数と入店人数の他の競合店との比較をしてもわかることはあると思います。アルバイトを使って１週間、ランチタイムに路上張りつきで調べるだけで、有益な一次情報になるはずです。

　仮説が鋭くなればなるほど、二次情報の出番はなくなります。それでもその仮説を検証するためには、ちゃんと自分の手足を動かして調べる、ということ以外にはありません。

　特に、何か新しい商品を考えている場合は、直接顧客に聞いてみる、という手段はきわめて有益な情報収集手段です。多くの場合、「まだ完全ではないので……」と言って、机の上で二次情報をひねり回す傾向にあります。これは、情報収集に長けた人ほど陥ってしまうワナです。しかし、それを繰り返していても、新たな発見をすることは難しいでしょう。

顧客に見せられるような商品やサービスであれば、不完全でいいので、まずはプロトタイプを作り、それを見てもらって生の声を聞く、ということをお薦めします。

ダイレクトな顧客の声は、何にも代えがたい一次情報なのです。

### 5 アンケートやインタビューは万能ではないことに注意

この一次情報収集において真っ先に浮かぶのはアンケートやインタビューという手法です。実際に話を聞いてみることで、得られる情報は数多くあるでしょう。

アンケートやインタビューが一次情報において有力なツールであることは間違いありませんが、気をつけなくてはならないのは、「意外に人間の発言というのはあてにならない」ということです。

とある車を買ったとして、「なぜあなたはその車を買ったのですか？」というインタビューを受けた場合、あなたは何と答えるでしょうか。多くの場合、その車を買ったことを「論理的に整合性のある形で」伝えようと試みるでしょう。「まず予算はこう考えていて、その中で選択肢はAとBとCがあり……」と。

しかし、実際には理屈として語りえない「衝動」のようなものがあったり、実は、家族からの反対の結果の妥協の産物であったりもします。そして、私たちはそういったあまり説明のつかない、もしくは説明したくないような要素は、インタビューで語る際は省略、もしくは脚色してしまいます。当事者が語ったからと言って、それが信頼できる情報かと言うとまた別の話です。

参考までに、『心脳マーケティング』（ジェラルド・ザルトマン著、ダイヤモンド社）によると、「人間の行動のうち、自分で認識しているのは5％程度である」との調査結果が出ているそうです。

このような人間の無自覚、無意識の行動が、インタビューが信頼できない要因として考えられます。また、それ以外にも、見栄や、

社会的立場による影響、といったことがあります。社会的立場とは、「本当は商品Aの方が好きだけど、それを好きと言ってしまうと他方面に迷惑をかけてしまうので、無理に商品Bが好きと答える」というような状況です。

　したがって、インタビュー情報を正しく理解するためには、誰がどのような場面でどういう聞き方をしたのか、といったことも含めて理解しないと、正しく理解したことにはならない、と考えておいた方がよいでしょう。

　もちろん、アンケートも同じことが言えます。インタビューと同様に、アンケート設計においても知っておくべきことはあります。具体的には、「質問の中に解釈や価値判断を含めない」「受け手にとっていろいろな解釈ができる曖昧な表現は使わない」「一つの質問で複数のことを聞かない」といったことは、基本中の基本です。

　一例を挙げれば、「売上が非常に大きく落ち込んでいるこの状況に対して、あなたはどう考えますか？」というようなアンケートは、「非常に大きく」という解釈を含んだ表現を使っていることや、「どう考える？」ということの考える対象が何なのか曖昧でわかりにくい、といった問題を孕んでいます。結果的にこのようなアンケートから出てきた回答をいくら集計したとしても、実情を反映したデータにはなりえないでしょう。

　このようにアンケートやインタビューは、重要な一次情報収集のツールであることは間違いありませんが、聞き方、問いの出し方には十分注意すべきです。そういう観点からは、インタビューを一人だけでぶっつけ本番でやるのはかなり難しいと言えるでしょう。

　貴重な情報源であるインタビューを無駄にしないためにも、事前に簡単な予行のインタビューを行ってみてその反応から質問の出し方を考える、といったことや、必ずインタビューは2人で行う、といった工夫をしてみてください。

## 6 「行動観察」を通じて情報を得る

そのようなインタビューの曖昧さを補うのが、「行動観察」という方法です。実際にその当事者や商品の前に張り付いて、行動を逐次観察するという、ある意味原始的であり、手間のかかるやり方です。しかし、行動観察が評価される大きな理由は、「行動はウソをつかない」ということにあります。

インタビューやすでに加工済みの二次情報とは異なり、何の加工も施されていないまっさらな事実がある、ということに価値があります。

一つ事例を紹介しましょう。『ベストプラクティス――日産 最強の店舗づくり「100日の戦い」』(峰如之介著、中央経済社)という書籍には、日産自動車が自動車の販売店(ディーラー)の改革に奮闘した生々しい記録が残っています。その時に活躍したのが、この「行動観察」という手法です。

常に好業績をおさめている店舗の店長に張り付いて、朝の出社から退社まで、1分単位で具体的に何をしていたのか、ということを洗い出していきました。そして、そういった複数の店長の行動を取りまとめる形で、「店長のあるべき行動」というモデルが導き出されます。

実際の行動なので、有無を言わさぬ説得力があり、そのモデルの説得力によって店長の行動が実際に大きく変わったと言われています。

これも、二次情報として転がっていない情報を、直接的な行動観察によって生み出した、という事例の一つと言えるでしょう。

## 7 どの情報収集方法を活用するかは、「制約」×「インパクト」で考える

さまざまな情報収集方法を紹介してきましたが、いざ進めようと

思うと、実際にどこまで手間をかけるべきか、というところで悩むことも多いのではないかと思います。そこで大事な観点が、「制約」と「インパクト」です。

ここで言う「制約」には、時間的制約、人的制約、コスト的制約などがあります。この中でも一番のボトルネックは、多くの場合、時間的制約になると思います。

当然ながら、何の制約もなく時間やお金をかけられるリサーチというのは存在しません。その制約をまずは把握する、ということが一つ目のポイントです。

もう一つは、検証すべき仮説が相手に与える「インパクト」を理解する、ということです。相手にとって衝撃が大きい話であれば、それだけ反応も大きくなるわけであり、当然のことながら入念なリサーチが必要になってくる、ということです。逆にそれほど衝撃がない話であれば、リサーチに手間暇をかける必然性は薄いかもしれません。

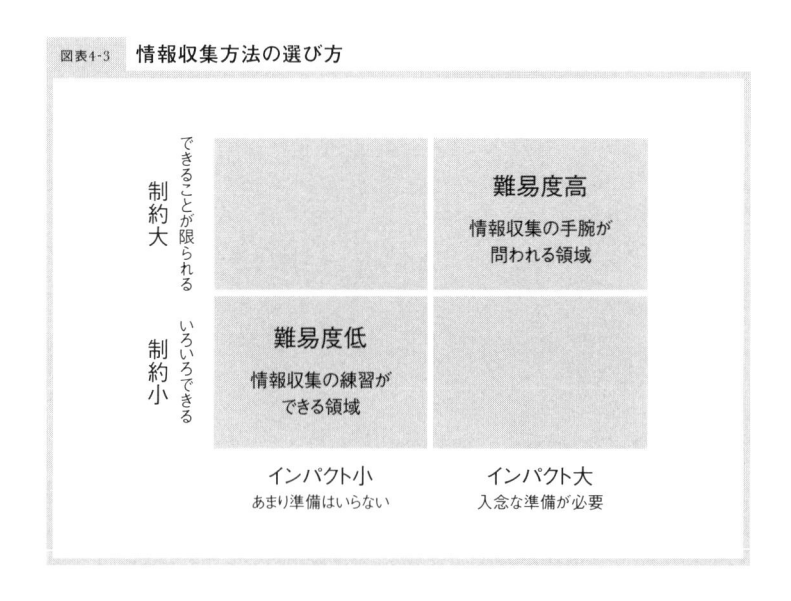

**図表4-3　情報収集方法の選び方**

|  | インパクト小<br>あまり準備はいらない | インパクト大<br>入念な準備が必要 |
|---|---|---|
| 制約大<br>できることが限られる |  | **難易度高**<br>情報収集の手腕が問われる領域 |
| 制約小<br>いろいろできる | **難易度低**<br>情報収集の練習ができる領域 |  |

情報収集をする場合は、まずはこの2軸を大局的に考えて、どこまで手間をかけるべきか、を考える必要があるでしょう。

そして、当然ながら、情報収集が上司やクライアントなど誰かの依頼に基づくものであれば、このマトリクスを理解するために、少なくとも以下の3つの点を情報収集の依頼者とすりあわせなくてはなりません。具体的には、

- 情報収集の背景や目的（情報収集の結果、誰にどのような行動を促すことになるのか？）
- 納期
- 予算

となります。この3点を押さえずして、情報収集を行ってはいけません。たとえテーマが同じだとしても、この3つが異なれば、やり方は当然ながら大きく変わってくるのです。それにもかかわらず、この3点がちゃんと確認されないままに進められることが少なからずあります。

例えば、「ちょっと悪いんだけど、最近の売れ筋商品、調べておいてくれない？」といったような上司からの指示に対して、「わかりました」と言って持ち帰ってしまうのは、情報収集の第一歩目の踏み出しから大きく間違えています。確実に目的、納期、予算の3点はしっかりすりあわせておく、ということを情報収集のスタートとして意識しておくようにしましょう。

その上で、改めてこの2軸のマトリクスを見てみましょう。このマトリクスにおいては、右上のゾーン、つまり、さまざまな制約があり、かつインパクトが大きい内容については、とりわけ情報収集の手腕が問われるゾーンになります。したがって、この章に書かれた情報の特性を正しく理解した上で作業を進めていかないと、泥沼

にはまる危険性があります。

　では、右上の難易度が高いゾーンで価値を発揮できるようにするためには、どうすればよいのでしょうか。それは、端的に言えば、左下の難易度が低いゾーンで多くの練習を積んでおくべき、ということです。

「制約大」×「インパクト大」のゾーンに放り込まれた場合、それまで自分自身の情報収集力を鍛えていない方にとっては、信頼できない二次情報をペタペタ貼り付けてそれらしく見せるくらいのことしかできないでしょう。

　練習を積んできていない人に、いきなり緊張感の高い公式戦に出ろ、というのは無理があります。したがって、まずは身の回りにいくらでも転がっている左下のゾーン、例えば定例の営業会議の報告などの場面で、このような一次情報や二次情報の組み合わせを意識しながら情報収集をしてみる、ということです。これ以外に右上のゾーンで力を発揮できる可能性はありません。

　ここに書かれたような方法を今まで意識してこなかった方は、ぜひ身近なところから実践する機会を自分で作ってみてはいかがでしょうか。

## ⑧ 情報収集を目的にしないこと

　ここまで、情報収集の仕方の基本を見てきましたが、改めて強調したい点は、「目的あっての情報収集である」ということです。

　ビジネス上の何らかの意思決定をするために情報収集し、分析するはずであるにもかかわらず、情報収集そのものが目的になってしまう場合があるからです。よく「あの情報はないか」「こういう情報はないか」と、情報収集に多大な労力と時間をかけ、完璧を追求する人を見かけます。

　しかし、意思決定に必要な情報が完全に集まることは決してあり

ません。もし、完全に情報が集まることがあったとすれば、その意思決定は適切な時機を逸している可能性が高いです。

　一般的に、情報を集める時間以上に、集めた情報を理解してまとめる時間の方が長くかかると言われています。それだけ後工程も大変なのです。

　情報収集を丁寧に行うことは大事ですが、頭のどこかでは必ず情報収集の先にあるアクションを押さえておくことが重要です。

　常に意思決定というゴールを意識して、自己満足に陥らないようにしましょう。

---

## 情報収集に使える具体的なソース集　COLUMN

　ビジネスシーンにおいて何らかの情報収集をする場合、業界や市場をマクロな視点から俯瞰的に理解するための情報収集と、個別企業や個別の人に焦点を当てて理解するミクロ視点での情報収集、という2つに分けることができます。それぞれについて、参考までに代表的なソースを紹介します。

[ マクロ情報 ]
- 国立国会図書館　リサーチ・ナビ
  ・図書館資料、ウェブサイト、各種データベースなど、さまざまな情報のポータルサイト（リサーチ・ナビ/rnavi.ndl.go.jp/rnavi）として活用できる。
- 官公庁資料
  ・政府統計の総合窓口であるe-Stat（http://www.e-stat.go.jp/SG1/estat/eStatTopPortal.do）が日本に関する統計データのポータルサイトとして活用できる。

- 自治体の資料
- 同じように、各自治体もそれぞれのホームページで、統計データを公開している。東京都では、「東京都の統計」(http://www.toukei.metro.tokyo.jp) というページに各種データを掲載している。
- 各種業界団体資料
- 業種ごとに成立している業界団体の資料を使うことによって、業界全体の統計情報などにアクセスすることができる。
- 業界トップ企業のホームページや業界本、もしくは「業界名＋協会」といったキーワード検索を通じて該当する業界団体を探すことが可能。
- ジェトロ情報など
- ジェトロのwwwには、輸出・投資などの海外ビジネスに必要な情報がまとまっており、国・地域ごとのビジネス情報・見本市・展示会情報、輸出入関連制度・統計等も掲載されている。
- またOECDのwwwから、30以上のテーマに分類された論文や、加盟国の情報をもとにした各種統計が閲覧・ダウンロードできる。
- 国連や各国の統計情報のページも、無料で見られる統計情報が豊富に並んでいる。

[ ミクロ情報 ]
- 民間調査会社資料
- 富士経済や矢野経済研究所など調査会社のレポートや、投資銀行・格付け機関などが発行しているアナリストレポートにおいては、各業界のトレンドや個別企業の詳細情報などが掲載されている。
- 帝国データバンクや東京商工リサーチなどの信用調査会社の

データでは、未上場企業など外部から情報入手がしにくい企業のデータを取り扱っており、大まかな信用情報を把握するためには活用できる。

● 情報プラットフォーム・情報サービス
・日本能率協会総合研究所が提供するMDB（Marketing Data Bank）には、ビジネスやマーケティングに関する豊富なデータが蓄積されており、また必要な情報を探し出して提供するサービスを行っている。
・Uzabase社が提供するSPEEDAという情報プラットフォームにおいては、各種統計データやアナリストレポート、経済情報などが一括で検索できる。別途契約が必要であるが、地域、業界を問わず、幅広い情報収集が可能。
・日経テレコン21では、各種ビジネス誌の記事や新聞記事について、膨大なデータの中からキーワード検索にて抽出することが可能となる。

推薦図書：
『ビジネス数字力を鍛える』グロービス著、田久保善彦執筆、ダイヤモンド社
『不透明な時代を見抜く「統計思考力」』神永正博著、日経ビジネス人文庫
『マーケティング・インタビュー』上野啓子著、東洋経済新報社

CHAPTER 5

information analysis

SECTION
01
|
03

データ・
情報分析力

## CHECK LIST

# データ・情報分析力 チェックリスト

1　「何の目的でこの分析やっているのか」と上司や同僚から聞かれて、即答できずに焦ったことがある　CHECK

2　分析は、Excelなどでデータからいろいろと表やグラフを作ることが大事だと思う　CHECK

3　目の前の分析に没頭してしまい、気がついたら時間が足りなくなっていたことがある　CHECK

4　仮説をどのように具体的に確かめたらよいのか、確かめるのに必要なグラフや表がイメージできない　CHECK

5　パレートの法則という言葉は聞いたことがあるが、自分の仕事にどのような意味をもつのかはわからない　CHECK

6　グラフを描く際、使うグラフの種類はだいたい何となく選んでいて、なぜそのグラフを選択したのか、理由を明確に説明できない　CHECK

7　日本の世帯あたりの保有金融資産（預金、株など）の平均が1,100万円と聞いて「本当にみんなそんなに持っているのだろうか」と違和感を覚えても、なぜそう感じるのかをうまく説明できない　CHECK

8　「日本にある電信柱の数は何本ですか？」と聞かれても見当がつかない　CHECK

5章では、精度の高い意思決定をするために必要不可欠な「データ・情報分析力」について考えていきます。3章の仮説構築力で取り上げたステップのうち、「3．仮説思考で仕事を進める」に相当する部分です（64ページ、図表3－1「仮説思考のステップ」を参照）。

分析には大別すると数字を使った定量分析と数字を使わない定性分析がありますが、特にビジネスの現場では数字を扱うことが多いことから、ここでは数字を使った定量分析に焦点をあてます。

「とにかくデータを集めていろいろとグラフを作ってみたが、結局何が言いたいのと言われることが多い」「他人の作ったグラフや表を見ても何を読み取ってよいのかわからない」「数字は苦手だし、嫌い」など、数字を使った分析にどのように取り組めばよいのか、数字との付き合い方に悩んでいる方も多いのではないでしょうか。

数字を使った分析と言うと、高校や大学で学んだ難解な（？）「統計」や複雑な表計算ソフトの操作を思い出して難しく考えがちですが、実は本質にある考え方や視点はとてもシンプルなものです。

本章ではそもそも分析とは何なのか、どんな視点で、どうやって分析すればよいのかを中心に見ていきます。

SECTION 01　CHAPTER5_information analysis

# 分析する=比較する

　最初に、シンプルな仮説を確かめる分析をみなさんと一緒に考えてみましょう。

　マスメディアでは、国の借金の問題が頻繁に報道されています。借金の原因である財政赤字については、その一因として日本は公務員が多すぎて公務員制度が非効率だからだ、といった報道や主張もよく耳にするところです。

　この「日本の公務員は多すぎる」を実際に分析で確かめてみます。

　まず、もし本当に「多すぎる」というのであれば、何に比較して「多すぎる」のかを見る必要があります。ここでは日本という国単位の話をしているので、国際比較、すなわち諸外国との比較で「多すぎる」と言えないか、考えてみることにします。

　国の規模がそれぞれ異なることから、この場合、公務員の数そのものを比較しても比較の意味はなさそうです。

　それぞれの国の中で相対的に公務員が多いかどうか、働く人全体に占める公務員の割合を比較してみましょう。比較対象が適切かどうかは分析においてはきわめて重要です。英語で比較対象が適切かどうかを「リンゴとリンゴを比べているか（apples to apples）」、間違って「リンゴとオレンジを比べていないか（apples to oranges）」と表現しますが、国の大きさを考慮せずに人数のままで比べてしまっては、まさにapples to orangesになってしまいます。

以上を踏まえ、確かめたい仮説を丁寧に記述してみましょう。ここでは「日本の働く人全体に占める公務員の割合は、諸外国に比べて多い」という表現にします。

　グラフにしてみると大小関係は一目瞭然です。2008年の時点で、調査対象国30カ国のうち、日本の公務員の労働者数に占める割合は7.9％となり、多いどころか実は最も少ないことがわかります。分析の本質は、この「比較」なのです。

　この例では、公務員の比率を諸外国と比較することで公務員が多い、という「仮説」を確かめてみました。実はみなさんが日々行っている数字を使った分析の本質は「比較」にあるのです。比較をしない分析はない、と言っても過言ではありません。

　それでは具体的には、どのように分析すればよいのか。分析の際に意識すべき視点と、実際の比較方法であるアプローチについて一緒に見ていきましょう。

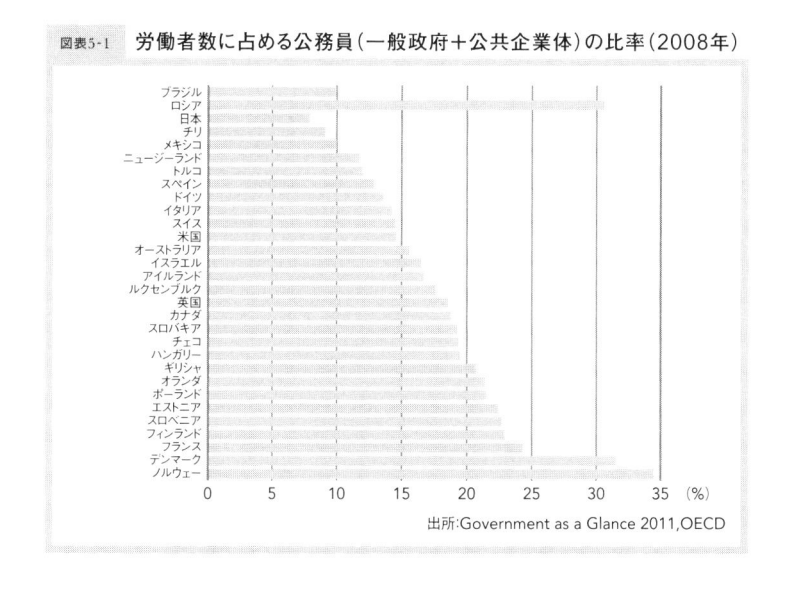

図表5-1　労働者数に占める公務員（一般政府＋公共企業体）の比率（2008年）

出所：Government as a Glance 2011, OECD

SECTION 02

CHAPTER5_information analysis

# 分析の5つの視点を使いこなす

　比較軸を揃えて比較することで、そこに意味合いを見出すことができます。以下では、分析の視点を5つにまとめてみました。

①インパクト⇒大きさは？
②ギャップ⇒差異は？
③トレンド⇒変化は？
④ばらつき⇒分布は？
⑤パターン⇒法則は？

## 1　インパクト（大きさ）の大きなものを分析する

　最初の視点は、分析対象のインパクトの大きさ、つまり「分析が最終的な結果に及ぼす影響度の大きさ」を考えてそれに応じた分析結果の精度、分析方法を選択することです。つまり、「そもそも、その分析、時間と手間をかけてやる意味あるの？」という問いに答えられるかどうかということです。

　特に定量分析ではともすると分析作業そのものに没頭してしまい、「数字いじり」「分析のための分析」といった状態に陥る傾向にあります。例えば、10億円の設備投資の判断に求められる分析の精度と量と、1万円の経費支出の是非を上司に仰ぐために必要な分析の

精度と量は当然異なります。

　私たちはついつい目についた機会や問題を重要視し、それに対して次のアクションなどを考えてしまいがちです。しかし、目についた機会や問題が最終結果に大きな影響を及ぼすという保証はどこにもありません。

　したがって、ビジネスでは「分析しようとしている問題は、どれくらい大きなインパクトがあるのか」をしっかりと考える必要が生じます。

　小さな問題は、認識こそしても、あえて無視して分析しないことも必要になります。

### 2　ギャップ（差異）に着目して分析する

「ギャップ」とは、一般的な分析対象を比較することを通じて、分析対象と比較対象の差異、すなわち「何が同じ」で、「何はどのように違うのか」を認識し、また、なぜ同じなのか、あるいは違うのかを考えることで分析対象固有の特徴を理解することです。

　比較によってギャップ（差分）に着目する分析は、ビジネスでも多用され、設定した目標や計画値、ベンチマークとの比較による差異分析は、まさにこの比較によるギャップに着目した分析です。

　ビジネスでも高い、低い、大きい、小さいといった比較の表現が多用されますが、そもそも何と比較してギャップを見ているのかが明確ではないケースがよくあります。

　したがって、まず比較対象を明確にすること、さらに、比較対象、比較の軸に何を選ぶか、それが適切かどうか、が意思決定においては非常に重要になります。

　適切な比較対象を選ぶ際には、一例として以下の比較軸を参考にしてみてください。

● **絶対値を使うのか、比率（％）を使うのか**

　冒頭の公務員の例でも見た通り、公務員の人数そのものを使うのか、それとも、働く人数あたりの公務員の比率（公務員数÷総労働者数）を見るのかによって分析の意味合いが変わってきます。

● **フローを見るのか、ストックを見るのか**

　一般に、ある一定期間内に流れた量をフローと言い、ある一時点において貯蔵されている量をストックと言います。

　経済的な豊かさを比較する際、フローである収入とストックである資産保有額の2つの方法が考えられます。企業の財務会計では収支を表す損益計算書がフロー、貸借対照表がストックに対応します。

### ③ トレンド（変化）に着目して分析する

　トレンドを見るときは、時間軸での変化、特にその傾向や、傾向からのかい離（変曲点など）に着目します。

　つまり、過去、現在、未来と時間軸で比較した場合にどのような傾向があるのか、増えているのか、減っているのか、成長率はどうなっているのか、を考えることになります。例えば、売上・利益の推移だったり、人口推移などの分析は、まずトレンドを見ることになります。この際、変化の本質をつかむためには、できる限り可能な範囲で長期的なトレンドを押さえるようにしましょう。

### ④ ばらつき（分布）に着目して分析する

　ばらつきを見るとは、全体を構成する要素のばらつき度合い、つまり各要素は特定の部分に偏って分布（集中）しているのか、あるいは全体に均一に分布しているのか、構成を比較し把握することです。

　実は世の中の多くのものは偏った分布を取っており、一部分が全

体に大きな影響を及ぼすことが多くあります。このことは「パレートの法則（20-80の法則）」といった形の経験則として古くから知られています。一般に「上位20％の顧客で売上高の80％を占めている」といった偏りがビジネスの世界でもよく見られます。

ビジネスにおいて、使える資源や時間が限られていることから、物事を重要なものから処理する、あるいは施策に対する感度の大きいものから手をつけることは非常に重要です。

偏りに着眼することは、こうした優先順位づけに大いに役立ちます。問題解決では、パレートの法則にしたがえば、上位20％の問題に対処すれば、80％の課題解決が得られることになります。

### 5 パターン（法則性）に着目して分析する

分析対象間の関係性を比較することで、潜む「パターン（法則性）」と、それから外れる「特異点」、および傾向が大きく変わる「変曲点」を見つけることがパターンの視点です。

以下、それぞれのポイントを見ていきましょう。

### 【パターン（法則性）】を見つける

法則性を見つけるとは「Aという特性があると○○になる」、「Aが多ければ多いほど△△になる」という傾向やルールを見つけることを意味します。

例えば、図表5-2は日本のコンビニエンスストアの規模と利益率の関係を比較したものです。グラフから、規模が大きくなると収益性もよくなるパターン（法則性）が読み取れます。

これは一般には「規模の経済性」と呼ばれる法則性です。

ビジネスにおいて法則性を見つけると、どんなメリットがあるのでしょうか。法則性を見つけることで、予測の確度や打ち手の再現

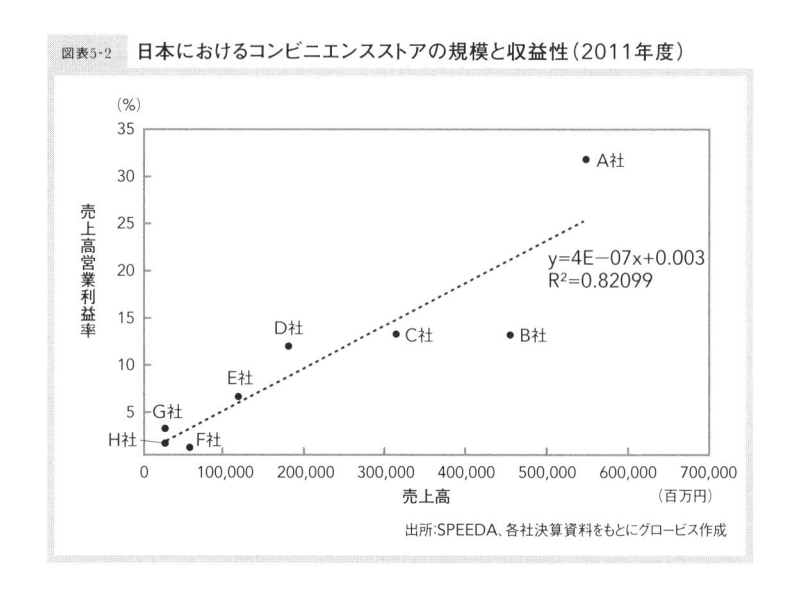

図表5-2　日本におけるコンビニエンスストアの規模と収益性（2011年度）

(%) 売上高営業利益率／売上高（百万円）

$y = 4E-07x + 0.003$
$R^2 = 0.82099$

出所：SPEEDA、各社決算資料をもとにグロービス作成

性を高められます。

　コンビニエンスストアの例で言えば、収益性を上げるためには規模を拡大していくことが有効なオプションの一つであることがわかります。

　なお、法則性を見つけることは、特異点や変曲点を見つけるためのベースとなります。

## 【特異点】を見つける

　特異点を見つけるとは、「ルールやパターンとは異なる特徴を示す要素を見つけること」です。

　特異点に着目することのメリットは、特異点自体に、実は事前に予測できなかったビジネスチャンスが潜んでおり、特異点発生のメカニズムを解き明かすことで、想定していなかったビジネスのヒントを得ることができるということです。

　コンビニの例でも、特異点とみなすかどうかは別としても、パター

ンである傾向線より上位にかい離しているチェーンであるA社は規模の経済性だけでは説明できない独自の工夫をしているはずです。

どのような工夫をしているのか、A社の施策を他社と比較することで、収益性を上げるヒントが見えてくるはずです。

### 【変曲点】を見つける

変曲点を見つけるとは、「これまで観察された法則性とは違う法則が見られ始める、急激な変化のポイントを見つけること」です。

例えば、気温をはじめとする天候がいろいろな商品の販売に影響を与えることが知られています。多くの季節商品が、ある一定の気温を超える、あるいは下回ると急速に売れるようになることから、小売業では気温の変化に敏感にならざるをえません。

春から夏にかけて気温の上昇する局面では、20℃を超えるとビールが、また26℃を超えるとアイスクリームが売れ始めることが知られています。このような気温は、商品の売れ行きに影響する気温の変曲点と言えます。

SECTION 03　CHAPTER5_information analysis

# 比較するために
# データを加工する

　分析とは「比較」することだと、ここまで見てきましたが、数字のデータはそのままではうまく比較できません。比較するためには、データをうまく集約して、比較しやすくする必要があります。

　比較するためのデータの集約の仕方（分析アプローチ）は大別すると3つです。データをグラフ、数字、あるいは式に集約して比較することでデータの意味合いを抽出することになるのです。

①目で見て「比較」してみる（グラフ）
②数字に集約して「比較」してみる（数字）
③数式に集約して「比較」してみる（数式）

　それではこの3つのアプローチについて順番に見ていきましょう。

## 1　目で見て「比較」してみる（グラフ）

　数字は、そのままではうまく「比較」できません。簡単に比較するための最強のツール、それはグラフです。目の情報処理能力はきわめて高く、グラフでデータを可視化することでデータのさまざまな関係性を簡単に理解することができます。グラフを大いに活用してみましょう。

　グラフ化するステップは3ステップです。まず、仮説を明確にし

図表5-3　グラフ化するステップ

1　言いたいことは？

↓

2　比較対象は何？

↓

3　で、どのグラフ？

た上で、その仮説にはどのような比較要素があるのかを考えます。記述の通り、分析は「比較」ですから、何と何を比較すればよいのかを明確に意識することがとても重要です。比較対象が明確になれば、比較対象に対応する形でどのようなグラフを使えばよいのかが、ほぼ決まってきます。

　比較対象とよく使われるグラフの対応関係を図表5-4にまとめてみました。
　グラフの種類を新たに覚えることよりも、何を比較すればよいのかを明確に意識してみなさんが知っているグラフを活用することが大切です。
　スライドでは一般的な比較の場合には縦棒グラフではなく、横棒グラフを推奨しています。これはA4横など、一般的に多用される横長の資料を想定した場合、データの項目名などの記述を考慮すると横棒グラフの方が総じてきれいに見えるという理由からです。

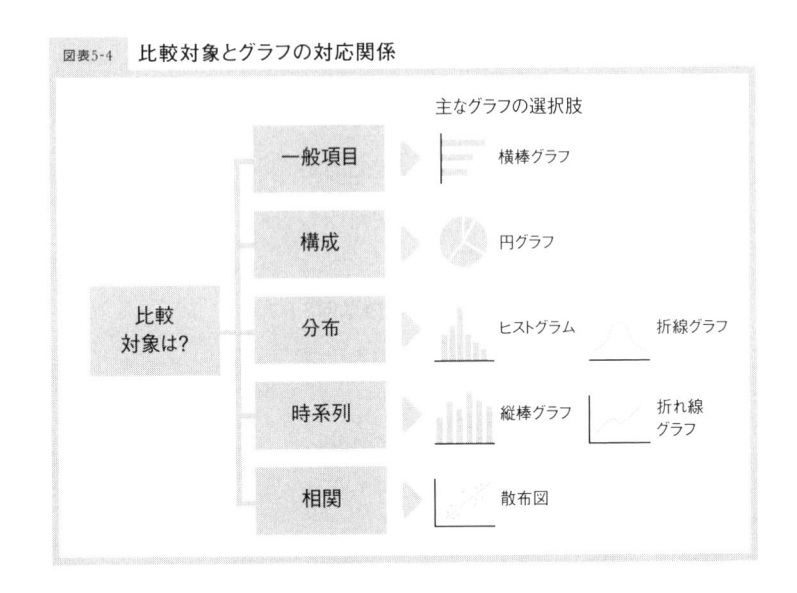

図表5-4　比較対象とグラフの対応関係

| 比較対象は？ | | 主なグラフの選択肢 | |
|---|---|---|---|
| | 一般項目 | ▷ | 横棒グラフ |
| | 構成 | ▷ | 円グラフ |
| | 分布 | ▷ | ヒストグラム　折線グラフ |
| | 時系列 | ▷ | 縦棒グラフ　折れ線グラフ |
| | 相関 | ▷ | 散布図 |

　では、実際にグラフを活用しながら「お金持ちは長生きする」ということを検証してみましょう。

　経済的な裕福さと寿命にはどのような関係がありそうでしょうか。裕福になると衛生状態や栄養状態がよくなって長生きするのでしょうか。それとも贅沢があだとなって寿命は短くなるのでしょうか。
　ここでは仮説を「経済的に豊かであればあるほど長生きする」として、実際にデータで確かめてみましょう。先ほどのグラフ選択のチャートでは「相関」と書いてあるものがまさにこれにあたります（相関については、この後の「式」に集約する、回帰分析部分で詳述します）。チャートから「散布図」を選択することとします。
　実際に、裕福さと寿命という2つの要素の関係を見比べてみましょう。比較単位の選択肢は個人から国までいろいろなレベルがあるのですが、ここではデータの入手のしやすさから国単位での経済的な豊かさと寿命の関係を見たいと思います。

図表5-5　一人あたりのGDPと平均寿命の関係（2012年）

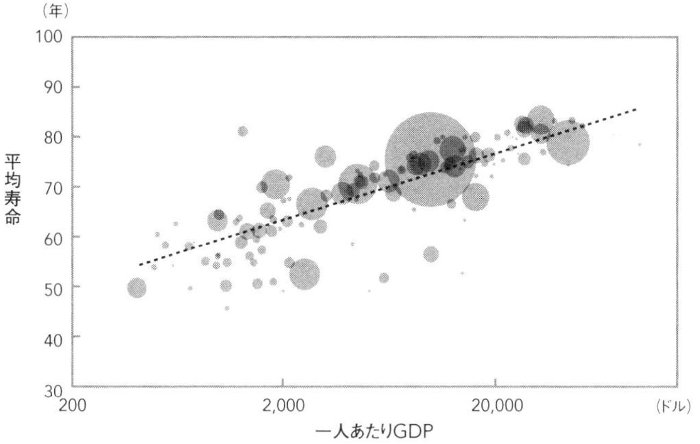

(グラフ：横軸 一人あたりGDP（ドル）、縦軸 平均寿命（年）のバブルチャート)

出所:gapminderデータよりグロービス作成

　国レベルでの裕福さの指標として、一人あたりのGDP（最も大切な経済指標の一つですが、ここではあまり難しく考えず、国民一人あたりの平均の収入ぐらいに考えておきましょう）と、さらに寿命として平均寿命（出生してから平均して何年生きると期待できるか、0歳時の平均余命）を取って図表5-5にしました。グラフの円の大きさは各国の人口規模を表しています。

　グラフからは大多数の国において、経済的に豊かになると平均寿命が伸びるという直線的な右肩上がりの関係（統計の世界では、相関関係あるいは共変性と言います）が成り立つことがきれいに読み取れます。グラフから「裕福な国であるほど長生きできる」ということが言えそうですね。

## ② 数字に集約して「比較」してみる（数字）

　グラフでは視覚的に比較することを試みましたが、2つ目のアプローチは多数のデータの特徴をシンプルに一つの数字に集約して比

較しよう、という考え方です。

これには、大別すると2つの視点があり、

- データの中心はどこにあるか（代表値）
- データはどのように散らばっているか（散らばり）

この2つがまず押さえられれば、概ねデータの全体像の様子がイメージできます。

## (1) データの中心はどこにあるか（代表値）

データの中心はどこにあるのか、別な言葉で言うと、データの代表選手は誰かを考えることになります。選ばれた代表選手が代表値になります。

### ● 単純平均と加重平均

代表値として最も出番が多いのが平均値です。

平均には大きく分けて、単純平均、加重平均の2種類があります。

単純平均とは、平均の対象となるデータの数値を、単に足し合わせてそのデータ数で割った値です。これに対し、加重平均とは、データの数値に何らかの重みづけ（ウェイト）を掛け合わせ、その掛け合わせた数値の合計を、ウェイトを考慮した数で割った値です。

### ● 平均値のワナと中央値、最頻値

2013年に金融広報中央委員会が実施した「家計の金融行動に関する世論調査」結果によれば、2013年の日本の一般世帯（2人以上）の保有する金融資産（預貯金、株式、保険など）の平均値は世帯あたり1,101万円となっています。

みなさんはこの数字を聞いてどのように感じたでしょうか。多く

の方は「えっ、そんなに持ってないけど」と感じられたのではないでしょうか。図表5-6は実際の保有額別の世帯の分布を見たものです。グラフからわかることは分布の形が左右対称ではなく、金融資産を持っていない左側に大きく偏っていて、ほぼ3世帯に1世帯はまったく金融資産を持っていない状況です。折れ線は保有金融資産の少ない方から累積での構成比を示したものですが、実は全世帯の7割弱が平均値よりも保有額が少ないことになります。

金融資産の場合、平均値は、一部の高額な資産保有世帯の影響を受け、上方に引き上げられています。このような状態では平均値がデータの代表選手だと言われても納得感はないかもしれません。

実は分布が平均を中心として釣鐘状に分布している場合は平均値が最もデータの集中している数字であり、データの代表選手としての納得感も高いのですが、金融資産分布に代表されるように、データの分布に偏りがある場合、必ずしも平均値の周りにはデータが集中しておらず、平均値が納得感の高い代表値とは限りません。

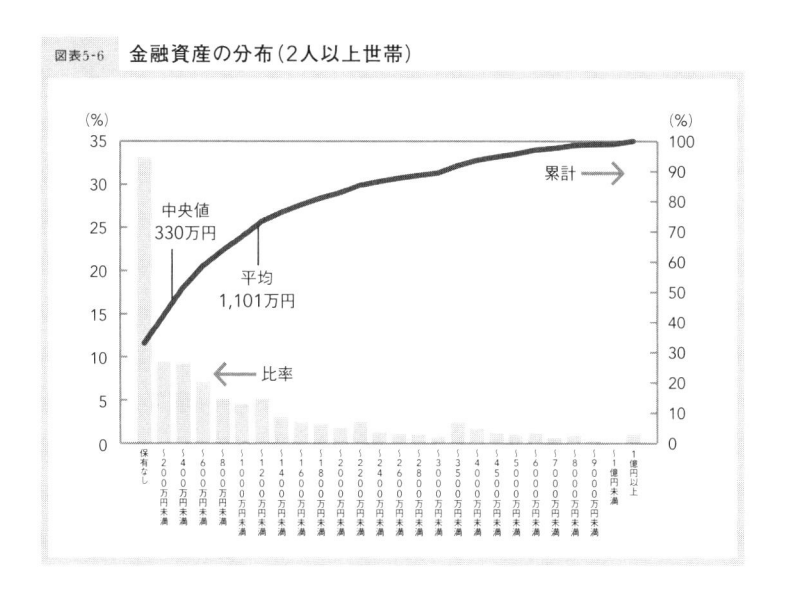

図表5-6 **金融資産の分布（2人以上世帯）**

この場合、平均値とは別に、全体を代表する値の取り方として、中央値、最頻値があります。中央値とは、標本の数値を順に並べた時に標本数の半分の順位に相当する値を指します（標本数が偶数の場合は、半分を挟んだ2つの標本の数値の平均を取ります）。

　例えば、家計の金融資産ではこの値は330万円となり、平均値に比べると家計の実感に近く、代表値としてよりふさわしいと考えられます。

　一方、最頻値とは、最も度数が高い数値を指します。ヒストグラムを描いた時に「山」が2つ以上できる場合や、単純平均を出そうとする時一部の「外れ値（例外的な値）」が影響を与えてしまう場合などに採用されます。家計の金融資産の例では保有なし世帯が最も多く、最頻値となります。

## (2) データはどのように散らばっているか（散らばり）

### ● 標準偏差

　平均値は大量のデータの代表値としては大変便利なものですが、データが全体として代表値の周囲にどのように分布しているか、散らばっているのかについては教えてくれません。この散らばり具合を教えてくれるのが「標準偏差」になります。

　平均値の周りにデータが散らばっている状態で「各データが平均値の周りにどのように散らばっているか？」を知りたいとします。ただし、分布では当然のことながら、平均値より大きいデータもあれば、小さいデータもあります。したがって、データと平均値の差を求めると、プラスのものとマイナスのものが出てきてしまい、そんな「各データと平均値の差（偏差）」を単純に平均しようとしてもプラスとマイナスが相殺されてゼロとなってしまいます。

　この偏差の二乗を取った値の平均値を取り、さらにその平方根（つ

まり、先ほど二乗した分を元に戻す処理）を取ったものを「標準偏差（SDあるいはσと表記）」と呼びます。平均的な散らばり、平均からの離れ具合を表すのが標準偏差だと考えてみてください。

### 3 数式に集約して「比較」してみる（数式）

数式にまとめる方法には、大別するとデータから帰納的に式を求める「回帰分析」と、データからではなく、演繹的に式を求める「モデル化」の2つの方法があります。

#### ●回帰分析（散布図、相関係数、単回帰分析）

さて、ここではみなさんが都心のA駅近く（徒歩5分圏内）にマンションを購入し、その賃料収入を生活費に充てることを考えているとしましょう。想定しているマンションの広さは50㎡です。どのくらいの賃料収入が期待できそうでしょうか。まず考えなければならないのは、どのような要因でワンルームマンションの賃料相場が決まっているかです。

賃料には広さ（専有面積）や駅からの時間距離（徒歩何分か）、築年数、さらに方角（南向きか否か）などが効いていそうです。ここでは、マンションの広さが最も影響が大きいと考え、不動産関係の情報サイトからA駅近傍の14件のマンションの賃料と専有面積のデータを集めました。まず可視化してみましょう（図表5-7）。

グラフからは、広ければ賃料も高い、言い換えると賃料と部屋の広さに右肩上がりの「正の相関」があることがわかります。

相関とは、2つの変数の間に何らかの法則性、共変性がある状態を言います。気温が高くなればビールの売上も上がる、気温が低ければビールの売上も下がるという連動性がある場合、「気温」と「ビールの売上」には相関があると言えます。相関には、「正／負」と「強さ」があり、それを数値で表したものを相関係数と言います。

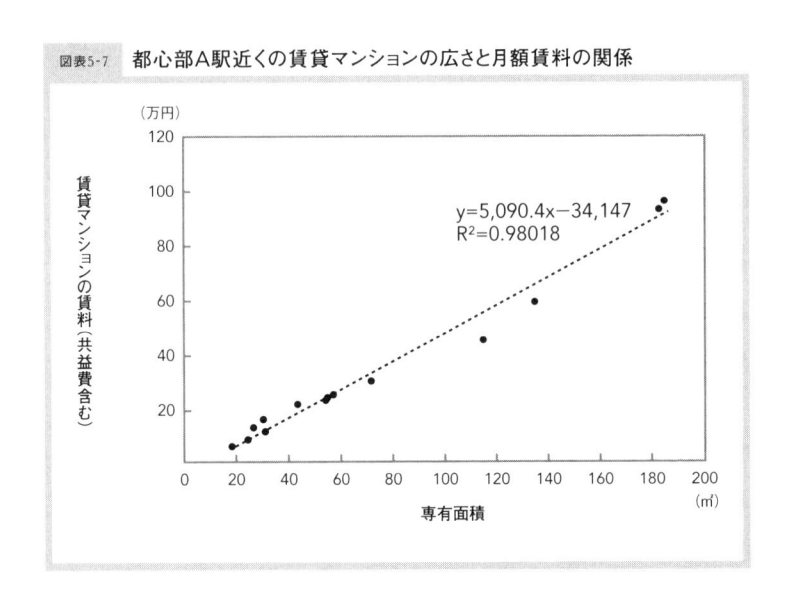

図表5-7　都心部A駅近くの賃貸マンションの広さと月額賃料の関係

（万円）

賃貸マンションの賃料（共益費含む）

$y=5,090.4x-34,147$
$R^2=0.98018$

専有面積　（㎡）

　相関係数は、1からマイナス1の範囲内で変動する数字で、「一方が大きくなれば他方が大きくなる」という関係が強いほど1に近づき、「正の相関が強い」ことを意味します。一方、「一方が大きくなれば他方が小さくなる」という関係が強いほど、相関係数はマイナス1に近づき「負の相関が強い」ことを意味します。そして相関係数の絶対値がゼロに近づくほど「相関が弱い」ことを意味します。通常、ビジネス上意味があると言えるレベルの相関の「強さ」は、絶対値0.7以上とされています。

　実はこの相関係数を二乗した値が単回帰で説明する決定係数になります。相関係数はそのままでは強弱の解釈が直感的に難しいのですが、回帰分析で後述するように、二乗して決定係数に変換することで、％をつけて説明力として解釈が可能です。

　相関係数を見たら二乗するクセをつけておきましょう。先ほど、強い相関の目安とした相関係数の0.7は二乗すると0.49となります。すなわちほぼ50％の説明力に相当することがわかります。

**［相関係数の数値の解釈例（絶対値）］**
0〜0.2：ほとんど相関関係がない
0.2〜0.4：やや相関関係がある
0.4〜0.7：かなり相関関係がある
0.7〜1.0：強い相関関係がある

ここで気をつけなければならないのは、

**相関関係 ≠ 因果関係**

ということです。それではどんなことが言えれば因果関係があると言えるのでしょうか。よく使われる必要条件は次の3つです。

1. 原因は結果に時間的に先行する
2. 相関（共変）している
3. 相関関係は他の変数（第三因子）で説明されない

　注意すべきは、因果関係がある場合は、相関関係もありますが、相関関係があれば、必ずしも因果関係があるとは限らないことです。
　3点目の第三因子は見過ごされやすく、注意が必要です。夏場のアイスクリームとビールの売上には相関関係がありますが、ビールを飲んだからアイスクリームが食べたくなる、という直接的な因果関係があるわけではありません。どちらも夏の暑さ、すなわち気温という共通因子（第三因子）があり、暑い時には両方売れる、涼しい時には両方売れ行きが鈍るという相関関係があるだけで、直接の因果関係はありません。
　では、マンションの2つの変数の相関係数を求めてみましょう。
　賃料と面積の相関係数は0.99となり、きわめて強い相関がある

ことがわかります。二乗すると0.98となり、賃料に対して専有面積が98％という高い説明力を持っていることがわかります。

　ビッグデータの時代を迎え、相関係数は実は身近なところで大きな役割を果たすようになってきています。ネットショップで買い物をする際、多くのサイトで"あなたへのお薦め商品はこれです"といったレコメンデーション機能にも相関係数が使われています。あなたの購入履歴、あるいは閲覧履歴と、他の顧客の購入履歴、閲覧履歴との相関係数を計算し、相関係数の高い顧客、すなわちあなたに購入履歴や閲覧履歴が似ている顧客とあなたの購入履歴、閲覧履歴を比較し、その差分を"お薦めです"と提示しているのです。

● **単回帰分析**

　相関係数は2変数間の関係の強さは示唆してくれますが、どのような面積ならどの程度の賃料になるのかは示してくれません。この関係性を数式化し分析するのが回帰分析になります。

　ビジネスでよく用いられる単回帰のモデルはシンプルに次の式で表されます。

$$y = a_1 x_1 + b$$

　単回帰分析は視覚的には散布図上のデータに対し、最もあてはまりのいい直線を引くことに相当します。もちろん「エイヤッ」とグラフ上に主観的に直線を描き入れてもよいのですが、それでは人によって直線が異なり、再現性がありません。

　単回帰分析では「最もあてはまりのよい」という意味を、実際のデータと直線とのズレ（誤差の2乗を足し合わせたもの）を最小になるように客観的に直線を引く、と考えるものです。

先ほどの、マンションの賃料のケースで回帰分析を行ってみましょう。結果は以下のようになりました。

最もあてはまりのよい式が図表5-7に示されています。
グラフから、マンションの賃料と専有面積の関係は

$$賃料 = 5,090円/㎡ \times 面積（㎡）- 34,147円$$

という式に集約されます。式の係数からこのあたりの賃料の相場が、㎡あたり月額ほぼ5000円であることがわかります。また、式の面積に50㎡を代入することで、想定している50㎡のワンルームマンションの賃料相場はほぼ22万円（¥220,353）であることが計算できます。

式の下に表示されている$R^2$というのは、「決定係数」と呼ばれ、すでに見てきた相関係数を二乗したものになります。決定係数を％と読み替えると、決定係数は目的変数の分散のうち、説明変数で説明できる割合（回帰式のあてはまり度）、いわば説明力を示します。相関係数の二乗となることからもわかる通り、0から1までの（$0 \leq R^2 \leq 1$）値を取ります。

この事例では、決定係数が0.98なので、賃料の変動のうち98％は面積で説明できることがわかります。実はマンションの方角（南向きか否か）、駅からの時間距離（徒歩何分か）が賃料に効いているのではないかとも最初は考えましたが、今回のデータの範囲では実際の賃料はほとんど面積だけで説明できることがわかりました。

● モデル化

回帰分析による関係性の数式化は、実際のデータをもとに、その背景にある関係性を帰納法的に記述する方法でしたが、それに対し

てモデル化は演繹的（必ずいつでも成り立つ形）に関係を数式化する手法です。

「シカゴのピアノ調律師の数は？」「日本の年間の新車の販売台数は？」といった、一見すぐには見当のつかないような数字を、知っている数字から組み立てて推測する、いわゆる「フェルミ推定」と呼ばれている考え方もまさにこのモデル化に他なりません。

　一見複雑な事象をシンプルに捉えようとするモデル化の考え方は極めて汎用性が高く、
・ビジネスのメカニズム・収益構造などを多面的な角度から捉えることができる→ビジネスの仕組みや特性を再確認・発見し、アクションに結びつける
・予測や感度分析に活用できる→経営資源の配分や、リスク管理、ビジネスモデルの再構築などに活用できる

といったことに応用が可能です。

外食産業を例に、簡単なモデル化にチャレンジしてみましょう。

みなさんはある外食レストランの店長です。最近、売上の低迷が続いており、どのようにして売上を増やせばよいか、頭を悩ませています。モデル化を使って、どのようなアクションの方向性があるのか考えてみることにします。

外食産業の売上はいろいろな形の式に分解可能ですが、ここでは、顧客とさらに設備である座席数に着目してモデル化してみましょう。式はさまざまな形がありえるのですが、どの業界でも売上を見る時に必ず注目する数字（外食では客単価など）があり、スジのよいモデル化のためにはそういった数字が何かをつかむ必要があります。

1日の売上はお客さんの数である客数に一人あたり1回あたりの食事金額である客単価を乗算して算出できます。さらに1日の客数

図表5-8　**外食産業のモデル化**

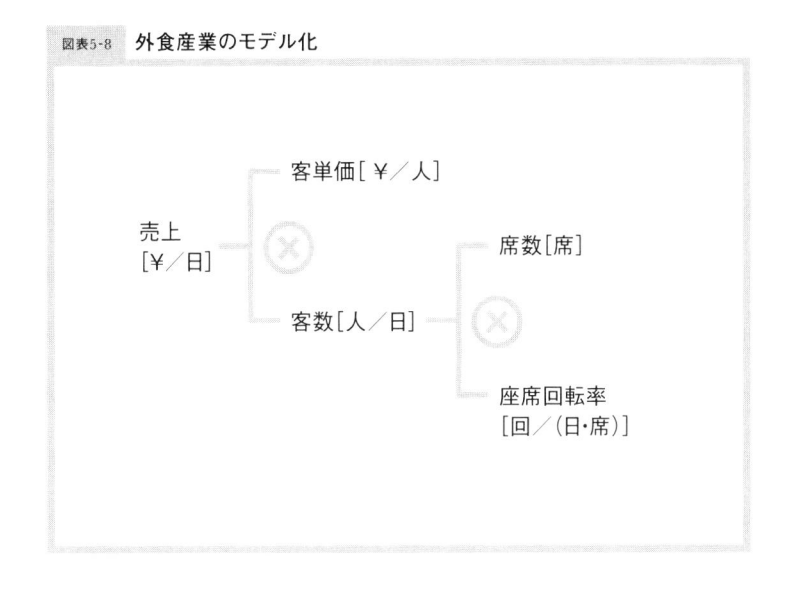

```
                客単価［¥／人］
                    │
                    ×
                    │
売上          ┌─────┴─────┐      席数［席］
［¥／日］              客数［人／日］──×
                                    │
                                座席回転率
                                ［回／（日・席）］
```

は各座席に1日に何人が座って食事をしてくれたか（座席回転率）に座席数を乗じると計算できます（図表5-8）。

シンプルなモデルですが、モデルを左から右に見ていくと、まず売上を増やすためには、客単価を増やすか、あるいは客数を増やすしかありません。さらに客数を増やすためには店舗あたりの座席数を増やすか、座席回転率を上げてできるだけ多くの人に食事をしてもらうしかないことがわかります。

座席数は開店時の設備で決まってしまうので、座席数はすぐには増やせないとすると、当面、売上を上げるには、
● 客単価を上げる
● 座席回転率を上げる
を狙って具体的なアクションを考えるべきということがわかります。

一例として、新規メニュー開発によって客単価を上げる、あるい

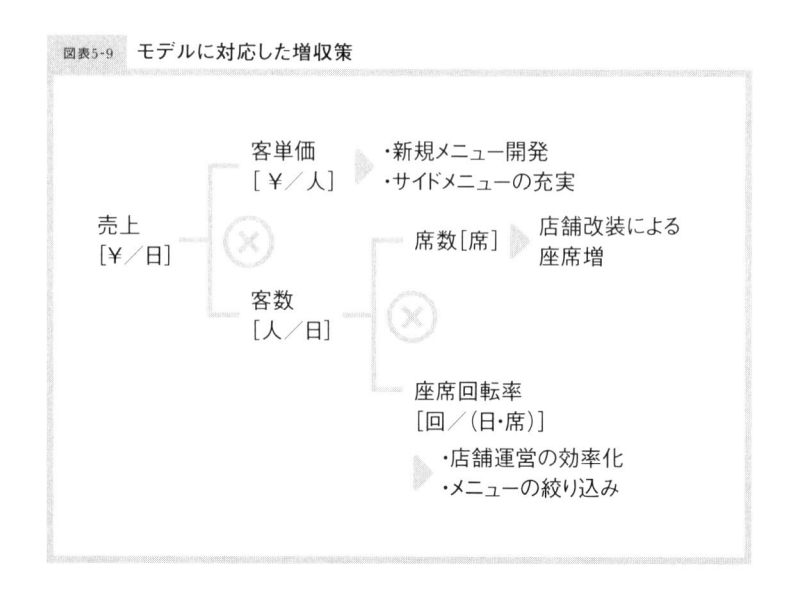

図表5-9　モデルに対応した増収策

```
売上          客単価      ・新規メニュー開発
[¥／日] ─×   [¥／人]  ▶ ・サイドメニューの充実
              
              客数         席数[席]  ▶ 店舗改装による
              [人／日] ─×            座席増
              
                           座席回転率
                           [回／(日・席)]
                                     ▶ ・店舗運営の効率化
                                       ・メニューの絞り込み
```

は徹底的なシステム化、マニュアル化によるサービスの効率化を図って座席回転率を上げるといったアクションが考えられます。

モデル化により、売上増のためにどのようなアクションを取ればよいのかが具体的に見えてきます（図表5-9）。

以上、みなさんと一緒に「分析力」を見てきました。難しいと感じた方も多いかもしれませんが、ビジネスパーソンとして数字を扱う力は非常に重要です。まずは難しく考えすぎずに、データを集約して「比較」することから始めてみましょう。

推薦図書：
『ビジネス数字力を鍛える』グロービス著、田久保善彦執筆、ダイヤモンド社
『その数学が戦略を決める』イアン・エアーズ著、山形浩生訳、文藝春秋
『ヤバい経済学』スティーヴン・D・レヴィット／スティーヴン・J・ダブナー著、望月衛訳、東洋経済新報社

CHAPTER **6**

thinking ahead

SECTION
**01**
|
**05**

次の打ち手を
考える力

CHECK LIST

# 次の打ち手を考える力　チェックリスト

1　打ち手は実行するスピードが何よりも大切なので、まずは思いついた中から実現しやすいものを実行するようにしている　CHECK

2　「自分の業務に関連する全体像を俯瞰するように」、と言われても何をどうすればよいのかわからない　CHECK

3　PEST、3C、4P、SWOTといったビジネス・フレームワークについて、何となく聞いたことがあったり、自己流に使ってはいるが、正しく学んだことはない　CHECK

4　打ち手を考える際に、まずは目に見えている課題について考えることから始め、そもそもの原因が何かを特定するという意識を持つことはほとんどない　CHECK

5　課題を特定する際に、まずは全体をいくつかの部分集合に分けていくなど、何らかの枠組みを使用して問題箇所を特定するという意識はない　CHECK

6　過去の経験や上司や先輩から教えてもらった経験を元に打ち手を考えているが、本当にその考え方でよいのか自信がない　CHECK

7　打ち手を考えたり、絞り込む際の重要なポイントや判断軸を言うことができない　CHECK

8　打ち手の実行後、検証し、次の打ち手につなげるというプロセスがクセづいていない　CHECK

6章では、これまで見てきた論理思考、仮説検証、情報収集の手法などを前提に「次の打ち手を考える力」について見ていきます。問題を発見し、対応を考え、常に新しい手を打ち、価値を創出していくのがビジネスの本質です。それゆえ、この章で扱う話は、すべての読者の方が身につけるべき非常に重要な能力となります。

基本的なスキルの話がだいぶ進んできましたので、具体的な状況を想定しながら見ていきましょう。

あなたは、「旅行会社で商品企画の仕事をしている。そして、最近売上が伸びないという状況に直面しており、どうにかしなければと思っている」という状況下にいるとしましょう。対策会議と銘打ったミーティングを開くと、

Aさん：「新聞広告を打ってみたらどうでしょう」
Bさん：「それより秋の旅行キャンペーンを大々的にしてみては？」
Cさん：「期間限定の値下げもよいかも」
Dさん：「やっぱりネットで何かするのがよいのでは？」

といった議論が展開されがちです。いきなり具体的な打ち手を語り始めるこのような会話でよいはずはありません。

効果的な良い打ち手を考えるには、①全体を俯瞰し、②問題を特定した上で、③打ち手を検討し、④判断基準を決め、打ち手を選択し、⑤実行、そしてレビューするというステップを踏む必要があります。本章ではこの一連のステップ、並びにそれらをどのような判断軸で選択し、優先順位づけをすればよいのか、またその際に注意すべきことなどについて考えていきたいと思います。

SECTION 01　CHAPTER6_thinking ahead

# 全体を俯瞰する

　日常のビジネスの中で、何か困難なことに直面し「何とかしないと」、「何か打ち手を考えないと」となった時、つい目の前に見えている問題のみに注意を奪われがちになります。しかし、最初にやるべきことは、その問題の全体像がどのようになっていて、本質的に何を考えなければならないのかを、俯瞰してみることです。

　例えば、あなたが商品企画担当で、「売上が伸び悩んでいる」という問題に直面している場合、いきなり、「もっとプロモーションを強化しよう！」というような打ち手を考えるのではなく、「そもそも、売上が伸び悩んでいる本質的な原因は何か？どのような可能性があるのか？」というような問いを自らに投げかけることが大切です。全体を俯瞰するクセをつけるようにしましょう。

　全体を把握するためには、2章で議論したような何らかの枠組みを意識すると便利です。枠組みをゼロから考え出す力を身につけることは非常に大切ですが、ビジネスの世界には長い歴史の中で生み出されてきた汎用的に使うことができる枠組み（＝フレームワーク）が多数存在しています。

　ここでは、「売上の伸び悩み」という課題に対して、3Cというフレームワークを使って考えていきます。改めて、3Cは市場（顧客）(Customer)、競合（Competitor)、自社（Company）のことを指します。それぞれ、一つずつ解説していきます。

図表6-1　**全体を俯瞰する**

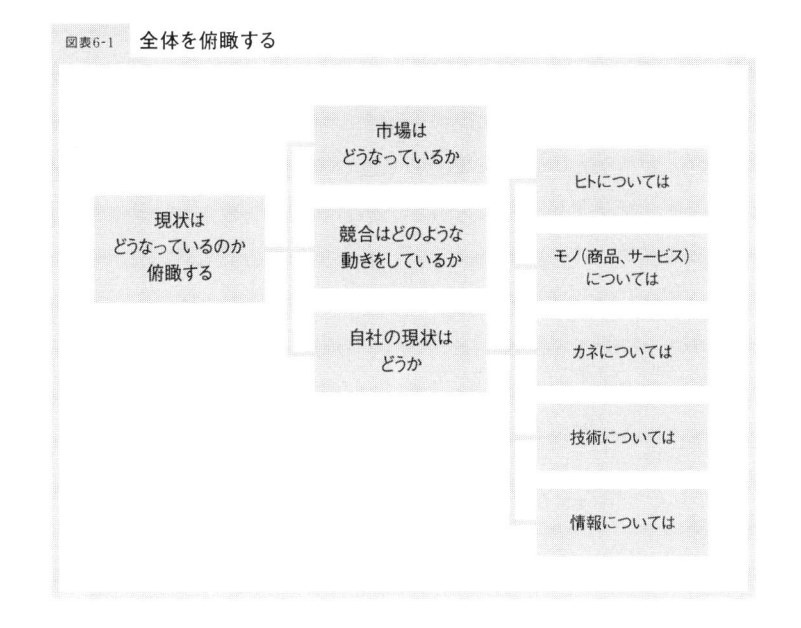

```
現状は              市場は
どうなっているのか  どうなっているか        ヒトについては
俯瞰する
                    競合はどのような        モノ(商品、サービス)
                    動きをしているか        については

                    自社の現状は            カネについては
                    どうか
                                            技術については

                                            情報については
```

## 市場（顧客）

ビジネスですから、問題の全体を俯瞰するために常に市場全体の動きについて考えなければなりません。市場規模には変化があるのか（そもそも市場の大きさはどの程度か）、市場の成長性には変化があるのか、などをまずは確認します。

その上で、どのような人が自社の顧客となりえて、その人たちはどのようなニーズを持っているのか、どのようなシーンで商品やサービスが使われるのかなどを考えましょう。次に大きく捉えた顧客を、どのように層別（共通項を持ついくつかのグループに分類）できるかということをさまざまな切り口から考えます。

そして、特定の顧客層を自社がターゲットとして意識的に設定できているかなどを確認するのです。

顧客を層別し、自社が集中して営業を仕掛けるターゲットを絞る。きわめて当たり前の話ですが、こんな基本動作ができていない場合

が非常に多いのもまた事実です。

　こうした考えを今一度巡らせた上で、自分たちがターゲットとしている顧客について売上規模や受注率などのデータを確認し、主要ターゲットからしっかりと売上を上げることができているかを見ていきます。ターゲットにしていない顧客からたまたま売上を上げることができていても、それは必ずしもよい状況とは言えません。

　自分たちが自社の強みだと思っている点が、本当に顧客にとってもそのように映っているのか、そもそも自社がこだわっている点を求めている顧客がどれぐらい市場にいるのか、顧客は自社商品のことをどのように認識しているのか、などを確認しましょう。

[ 競合 ]

　変化が激しく大きい時代においては、そもそも誰が本当の競争相手なのか、ということをしっかり考えましょう。同じ業界にいるからと言って、実際の競合であるとは限りません。ターゲットとしている顧客がまったく異なる場合もあるのです。

　逆に、スマートフォンの登場により影響を受けたデジタルカメラ業界のように、異なる業界が競合になる可能性も十分にあります。誰に負けているのかがわからないというのが一番怖い状況です。

　その上で、競争相手の業績はどうなのか、競争相手が何に注力しているのか、競合の強みに変化はあるのか、最近は何をウリにしている商品を出しているのか、自社と比べた弱みは何かといったことを調査し、自社の売上などが変化している支配的な要因が競合にあるのかどうかを考えていくのです。

　競合については日々何かを考え続けるというよりも、競合が新商品を出したり、代替品になるような商品が異業種から登場したりといったような、何らかの変化が起こった時に自社商品にどのような影響があるのか、という観点で確認をするとよいでしょう。

[ 自社 ]

自社については、情報が取りやすいでしょうから、「ヒト、モノ、カネ、技術、情報」といったもう一段深掘りした切り口を設定した上で、それぞれについてしっかり考えましょう。

具体的には、組織文化に大きな変化はないか、採用はうまく回っているか、教育はうまくできているか、魅力的な商品やサービスを出すことができているか、財務状況はどうなっているのか、競合と比べた時の技術開発力はどうなっているか、社内の情報流通は円滑か、社外の情報の活用はうまくできているかなどを考えていくのです。

こうして、3Cなどの枠組みにしたがって、今、目の前で起こっていることを丁寧に考え、これら一連の分析から自社はどのような状況にいるのかという全体像を正しく捉えます。

---

### ビジネスで使われるフレームワーク COLUMN

全体を俯瞰するための枠組みは3C以外にも多くあります。ビジネスのシーンでよく使われる代表的なものを紹介します。

● **SWOT**

市場や競合に何らかの変化があった時、またはありそうな時には、SWOTで整理することによって外部環境と自社の内部状況の全体像を把握することができます。その何らかの変化が自社にとって機会（Opportunities）となるのか、脅威（Threats）となるのかを解釈し、さらにその機会に対応するための自社の強み（Strengths）と弱み（Weaknesses）は何なのか、または、自社が持っているものがその変化において強みとなりえるのか、致命的な弱みにならないか、などを把握します。

**外部環境分析**

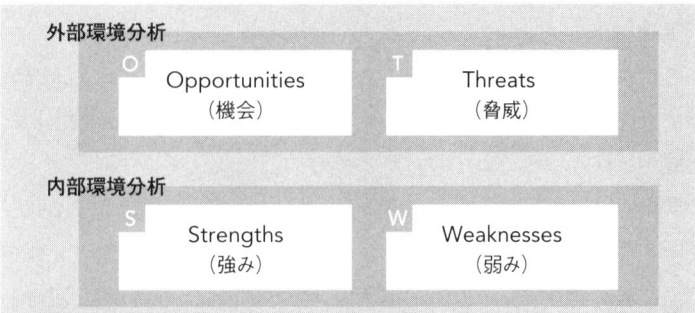

| O | Opportunities<br>(機会) | T | Threats<br>(脅威) |

**内部環境分析**

| S | Strengths<br>(強み) | W | Weaknesses<br>(弱み) |

● **PEST**

　世の中の流れというような自社ではコントロールできないマクロ環境が、自社の事業に影響を与えている場合があります。その際には政治（Politics）、経済（Economics）、社会（Society）、技術（Technology）の4つの枠組みで考えます。自社に関係の深い重要な要因や環境変化を整理する場合に有効で、それぞれ以下のような点を確認することができます。

政治：規制や税制といった法律改正により、市場のルールが変化する
経済：景気動向、為替や金利の動向により、需要が変化する
社会：人口動態、ライフスタイルや価値観の変化により、需要構造が変化する
技術：技術革新により、競争相手や競争ルール、競争のステージが変化する

SECTION 02

CHAPTER6_thinking ahead

# 問題を特定する

　全体を俯瞰し、考えるべき問題の大枠をつかんだ後は、その大きな問題を分解し、対応すべき問題箇所を特定し、さらに絞り込むことが大切です。この分解ということを考える際には、できるだけ「全体をモレなく、ダブリなく分ける」という意識が重要で、分解には大きく3つの考え方があります。

　一つ目は、全体をいくつかの部分集合に分けていく考え方です。「人」を「男性」と「女性」に分けるとか、「眼鏡をかけている人」

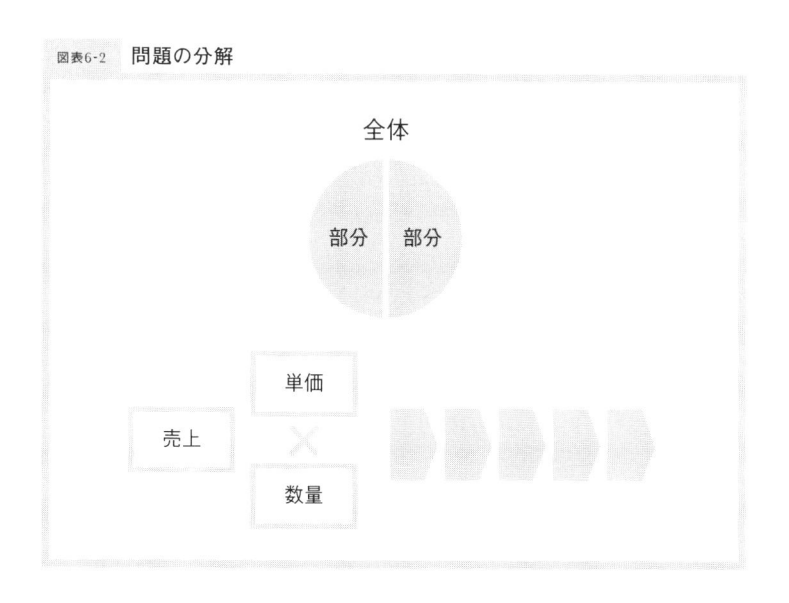

図表6-2　**問題の分解**

全体

部分　部分

売上　単価　×　数量

と「かけていない人」に分けるなどです。

　2つ目は四則演算などを用いて変数で分解する考え方です。例えば、「売上＝単価×数量」、「利益＝売上−原価」などです。

　3つ目はある事象が発生するまでの流れ、つまりプロセスを考えるというものです。

　この3つの分解の考え方は、分解する対象に応じて使い分けることになりますが、今回は一つ目の全体をいくつかの部分集合に分けていく考え方で、より具体的に考えてみることにします。

　本章の127ページで最初に設定した状況は、「旅行会社で商品企画の仕事をしている。そして、最近売上が伸びないという状況に直面しており、どうにかしなければと思っている」でした。

　商品企画担当として全体を俯瞰した結果、「市場の成長率などの状況には大きな変化はない。競合にも目立った動きはないが、自社の売上が下がっている」ということが明らかになったとします。

　この状況下では、主たる問題が自社内にあるということになり、検討は「社内のどこに問題があるのか、なぜそのような状況になっているのかを明確にし、売上を増やすための打ち手を考える」ということになります。

　そのためにやるべきことは、特にどこが問題か、なぜ問題なのかを分解しながら絞り込んでいくことです。

　分解する切り口はさまざまなものがありますが、例えば低迷している国内旅行の顧客を新規顧客と既存顧客に分解後、旅行日数、価格帯、利用する乗り物、性別、そして年代、参加人数というように分解していきます（図表6−3）。

　分解するごとにデータを確認し、事実ベースで現状を押さえていきます。その上で、最も問題が大きい部分を特定していくのです。具体的には、新規と既存に分けた段階でデータを集め、新規顧客が、計画通りに伸びているというのであれば、それ以降の分解はとりあ

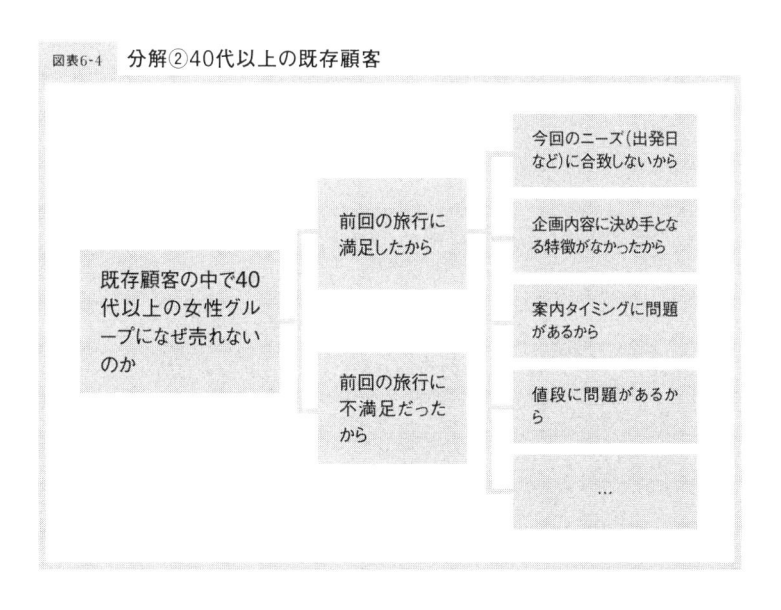

図表6-3　分解①国内旅行の顧客

- 国内旅行客
  - 新規
  - 既存（リピート）
- 1日（日帰り）
- 2日
- 3日
- 4日以上
- 高価格帯
- 中価格帯
- 低価格帯
- 飛行機利用
- JR利用
- バス旅行
- 男性
- 女性
- 20代以下
- 20代
- 30代
- 40代以上
- 1人
- 2人
- **3人以上**

図表6-4　分解②40代以上の既存顧客

- 既存顧客の中で40代以上の女性グループになぜ売れないのか
  - 前回の旅行に満足したから
    - 今回のニーズ（出発日など）に合致しないから
    - 企画内容に決め手となる特徴がなかったから
    - 案内タイミングに問題があるから
    - 値段に問題があるから
  - 前回の旅行に不満足だったから
    - …

えず止めておけばよいのです。そのような意味で、図表6－3では新規の分解はしていません。

　問題箇所が特定されたら、「なぜ？」そこが問題になっているのかを考えていきます。この例では、データを確認し、既存（リピート）客の2日間の中価格帯のバス旅行、特に女性の40代以上の3人以上のグループ旅行の売上が全般的に落ち込んでいることが判明したとします。この「なぜ？」を考えるに際しても、基本的には分解の考え方を使い、同じようにツリー状の図を書きながら分析をしていきます（図表6－4）。

　今回は既存客の伸び悩みですので、前回の旅行が不満だったかもしれない、という仮説を念頭に置きつつ（1段目の分解の切り口がこの仮説から決まります）、分解は、前回の旅行に満足したかどうか、というところからスタートします。そして満足していた場合、なぜ2回目の申込をしてくれないのかという原因を考えます。

　例えば、出発日や目的地など今回の旅行のニーズに合致しなかったのか、あるいは企画内容に決め手となる特徴がなかったのか、というようにさらに分解していきます。

　異なる設定でも、具体的に考えてみましょう。3C＋「ヒト、モノ、カネ、技術、情報」の枠組みで全体を俯瞰した結果、「社内の若手が育っておらず、営業が滞っている」ということが明らかになったとします。このような場合の分解の切り口としては、例えば部署や、入社年次といったものが考えられるでしょう（図表6－5）。

　この場合も、データや事実を調査し、問題箇所を特定していきます。「A部の入社4～6年目の中途入社の社員」の営業成績がふるわずこの年次の人が育っていないということがわかった場合、その理由を考えるのです（図表6－6）。

図表6-5　分解③社内の若手人材

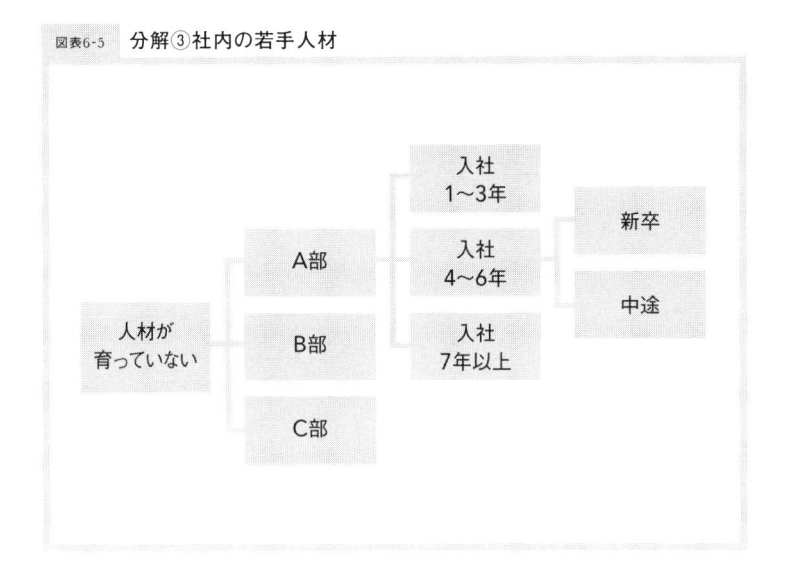

```
人材が育っていない
├─ A部
│   ├─ 入社1〜3年
│   ├─ 入社4〜6年 ─┬─ 新卒
│   │              └─ 中途
│   └─ 入社7年以上
├─ B部
└─ C部
```

図表6-6　分解④A部の入社4〜6年目の中途人材

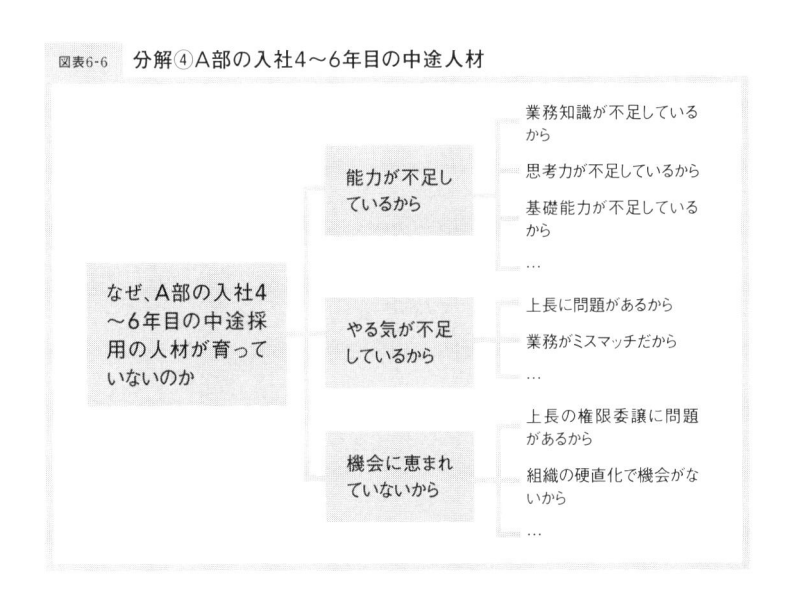

```
なぜ、A部の入社4〜6年目の中途採用の人材が育っていないのか
├─ 能力が不足しているから
│   ├─ 業務知識が不足しているから
│   ├─ 思考力が不足しているから
│   ├─ 基礎能力が不足しているから
│   └─ …
├─ やる気が不足しているから
│   ├─ 上長に問題があるから
│   ├─ 業務がミスマッチだから
│   └─ …
└─ 機会に恵まれていないから
    ├─ 上長の権限委譲に問題があるから
    ├─ 組織の硬直化で機会がないから
    └─ …
```

SECTION 03

CHAPTER6_thinking ahead

# 打ち手を考える

　問題を分解し、特に対応すべき問題の箇所が特定できたなら、最後はいよいよ具体的な打ち手を考えます。この際に重要なのは、いきなり思いついたところから、ばらばらと打ち手のアイデアを挙げないということです。打ち手のアイデアが漏れることがないように、ここでも分解をしながら考えていきます。

　前述の40代の3人以上の女性グループの旅行の売上が下がって

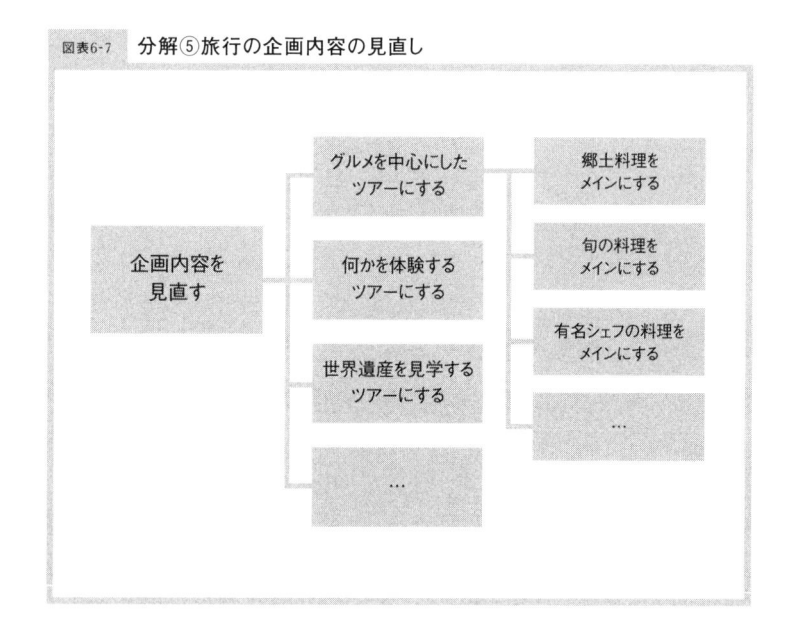

図表6-7　分解⑤旅行の企画内容の見直し

```
企画内容を ─┬─ グルメを中心にした ─┬─ 郷土料理を
見直す      │   ツアーにする         │   メインにする
            │                        ├─ 旬の料理を
            │                        │   メインにする
            ├─ 何かを体験する        ├─ 有名シェフの料理を
            │   ツアーにする         │   メインにする
            │                        └─ …
            ├─ 世界遺産を見学する
            │   ツアーにする
            └─ …
```

図表6-8　分解⑥業務知識の教育

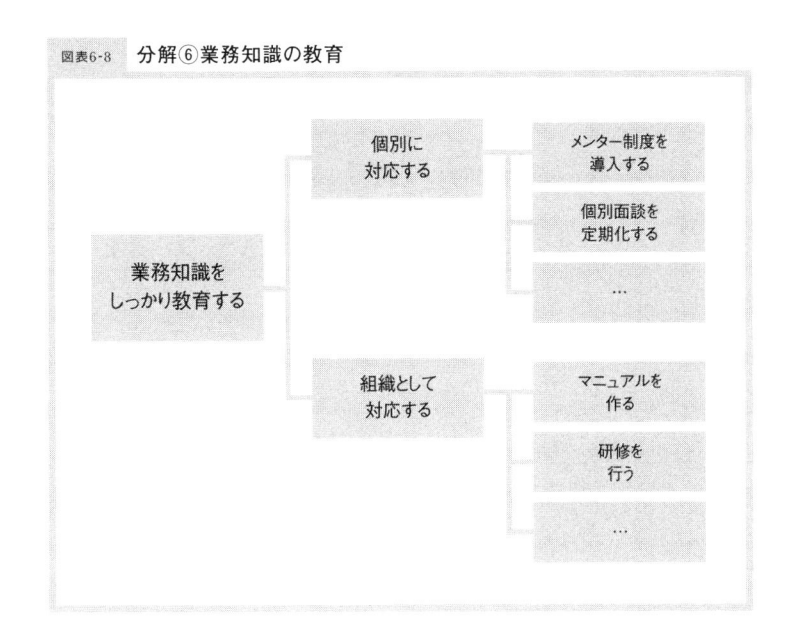

```
業務知識を           ┌ 個別に     ┬ メンター制度を
しっかり教育する ─┤ 対応する   ├ 導入する
                     │            ├ 個別面談を
                     │            ├ 定期化する
                     │            └ …
                     │
                     └ 組織として ┬ マニュアルを
                       対応する   ├ 作る
                                  ├ 研修を
                                  ├ 行う
                                  └ …
```

　いる原因が、アンケートによって、出発日、目的地、値段などの問題ではなく「決め手となる特徴がなかった」ということがわかったとするならば、「企画内容そのものを見直す」ことについて、前頁の図のように打ち手を分解して考えていきます（図表6-7）。

　一方、人が育っていない理由が、「業務知識の不足であること」であるとわかったとするならば、「業務知識をしっかり教育する」ことについての打ち手を、図表6-8の図のように分解して考えるのです。

　後で、「何であの打ち手を思いつかなかったのか？」と後悔することがないように、一つずつ丁寧に分解しながら、打ち手のオプションを漏れなく出していきましょう。

## 判断基準を設定し、打ち手を選択する

　打ち手のオプションを洗い出すことができたら、最終的にどのような判断軸で打ち手の優先順位を決めるのかを考えます。
　判断軸として考えるべきポイントは、効果の大きさ、時間（スピード）、コスト（費用）、自社の強みの活用、実行の容易さ、規制や自社内ルールといったものがあります。順に見ていきましょう。

[ 効果の大きさ ]
　採用しようとしている打ち手により、どの程度の売上や利益が上がるのかといった課題のインパクトを検討します。

[ 時間（スピード） ]
　すぐに実行できるのか、そして効果が出るまでの時間について確認します。

[ コスト（費用） ]
　コストには金銭的なもののみならず、検討する際の会議の時間や実行する際に必要とするスタッフの数、巻き込む部門の多さからくるコミュニケーション数の増大といった人的＆組織リソースのコストも含まれます。これらは見落とされがちですが、意外とかかる場合がありますので注意しましょう。

[ 自社の強みの活用 ]

　自分たちの強みを活かすことができるのか、あるいは強みをさらに強化することができるのかといった観点は、多くの場合見落とされがちですが、複数のオプションがある場合、絞り込む際には、有効な判断軸です。

[ 実行の容易さ ]

　既存の打ち手と初めて挑戦する新しい打ち手では実行の難易度は異なってきます。既存の打ち手は知見もあるので、比較的スムーズに実行できる確率が高いです。しかし、新しい打ち手の場合は、いざ実行しようとしたら、思いがけない人に反対されてしまって、まったく計画通りに進まない、というようなことも想定しておかなければなりません。

　また自分たちのチームや部門のみで完結できるものと、社内横断的に巻き込む必要があるものでは、その難易度は異なります。実行する上でよくある壁となるものは、予算獲得、巻き込む範囲（社内外）、新しいことへの抵抗感、といったものです。

[ 規制・ルール ]

　社会にはさまざまな規制やルールがあります。いかに効果的な打ち手だと思われることでも、当たり前ですが法律に反したり、倫理的に許されないことをしてはなりません。法律違反とまではいかないまでも、規制や暗黙の業界内ルールといったようなものにも意識を向ける必要があるでしょう。

　もちろん今は、規制を打ち破ってゼロベースで構造ごと変えていくというような発想も求められる場合もありますが、そもそも知らずに後で「しまった！」とならないようにしておきましょう。

[ **自社内ルール** ]

　企業内でも意外と知られていないルールが存在する場合もあるでしょう。ノックアウトファクター（決定的な阻害要因となるもの）となりそうなものは、先に確認しておきます。

図表6-9　**打ち手の評価**

|  | 優先順位・重みづけ | 打ち手案① | 打ち手案② | 打ち手案③ | 打ち手案④ |
|---|---|---|---|---|---|
| 効果の大きさ | 40 | ◎(200) | ◎(200) | ○(120) | ◎(200) |
| 時間(スピード) | 20 | ○(60) | ○(60) | ◎(100) | △(20) |
| コスト(費用) | 20 | ○(60) | ○(60) | ◎(100) | △(20) |
| 自社の強みの活用 | 10 | △(10) | ×(0) | ◎(50) | △(10) |
| 実行の容易さ | 10 | ○(30) | △(10) | ○(30) | △(10) |
| 規制・ルール | 要クリア | 問題なし | 問題なし | 問題なし | 問題なし |
| 自社内ルール | 要クリア | 問題なし | 問題なし | 問題なし | 問題なし |
| 総合計 |  | 360 | 330 | 400 | 260 |
| 結論(短期) |  |  |  | 1 |  |
| 結論(長期) |  | 2 | 3 |  | 4 |

※◎は5、○は3、△は1、×は0

そして、打ち手の目的に合わせて重要な判断軸を選び、評価項目に重みづけをし、それぞれの案について評価を数値化します。図表6-9のような評価表を作って一枚にまとめてみるとわかりやすく、提案をする際は、どのような判断軸で考えたのかのプロセスが相手に理解してもらいやすいでしょう。

　もちろん、この表にもいろいろ欠陥があります。◎、○、△、×を決める際には何らかの定量評価をしたとしても、最終的には評価者の主観が入らざるをえない場合もあります。また優先順位や重みづけの数字についても、合理性があるのか、というような疑問を抱く方もいるでしょう。

　それでもまったく何もない中で根拠なく議論するよりは、何を大事に検討しようとしているのかが可視化されて全体像が見え、関わったメンバーの中で意識が統一され、納得性が高まります。まずは議論のスタートとしてこういった表を使い、共通認識を醸成していくだけでも議論が深まり、効果的な打ち手を選択できる確率が高まるでしょう。

　このような評価をしても、甲乙つけがたい2つの案が残ったというような場合は、担当者として好き嫌いの価値観をしっかりと持って選び、問われたら理由と共に説明できるようにしておくことが重要です。

　甲乙つけがたい、ということは究極的にどちらもあり、ということです。ビジネスに絶対はなく、ここまでいくと最後は「えいや！」で決めてしまうというのも一つの意思決定のあり方なのです。

　大切なのは、それも含めて決定に至った理由を実行後、検証できるように記録に残し、意思決定プロセスについても振り返り、次回に活かせるようにすることです。

SECTION 05　CHAPTER6_thinking ahead

# 実行し、
# レビューする

　打ち手を選んだら、実行体制を整えて取りかかります。この際に効果測定の方法と何らかの定量的に測定、判断できる目標数字を設定しておくとよいでしょう。

　よくある失敗は、実行したのはよいが、効果が出ているのかどうか判断がつかず、その施策の継続判断の際に、よくわからない、という状態に陥ってしまうというものです。どのような効果が見られれば、効果があったと見るのか、目的に沿って、必ず事前に決定し、関係各所とも共有しておきましょう。このあたりのことは、8章「周囲を巻き込む力」で具体的に議論します。

　また、今の時代、やってみないとわからないということは非常に多いです。大きなリスクがないのであれば、まずやってみる、という考え方も重要です。

　トライアル＆エラーを繰り返し、その中でしか見えてこないこともたくさんありますので、その場合は、あまり厳格に期待効果や測定方法云々を追求しすぎず、知見をためる、市場を知るといった目的でまずやってみるのがよいでしょう。

　スピードこそが成功の鍵で、どこよりも早く市場を学ぶという姿勢が勝負を決める時代でもあるのです。ただこの場合、同時に大切なのは、行った施策について事前期待と結果の記録を必ずとるということです。その上で、一定の期間で必ず振り返り、次回につなげ

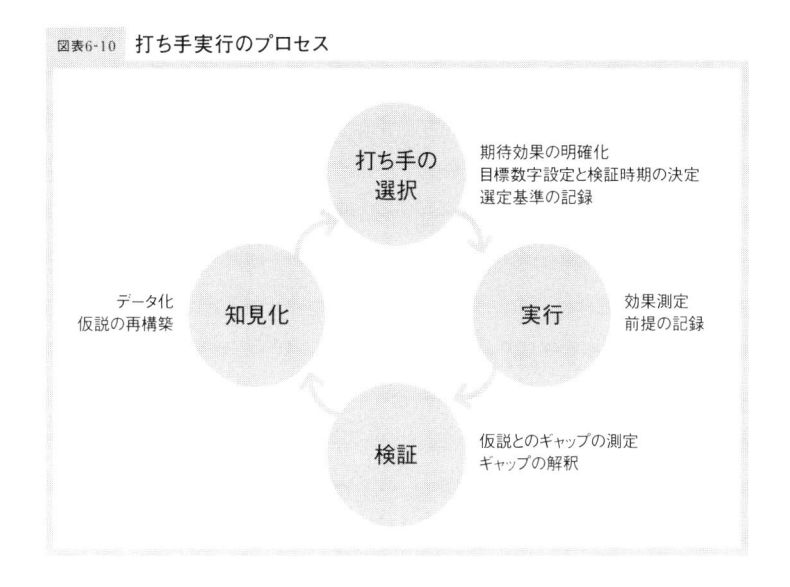

図表6-10　打ち手実行のプロセス

```
         打ち手の選択          期待効果の明確化
           ↓                   目標数字設定と検証時期の決定
                              選定基準の記録

  データ化
  仮説の再構築   知見化    実行        効果測定
                                      前提の記録

           検証              仮説とのギャップの測定
                             ギャップの解釈
```

るというプロセスを作りましょう。いつ見直しをするのか、ということも実行する前に、決めておくとよいでしょう。

　以上、打ち手について考えてきましたが、最終的には、日常から市場（顧客）、そして自社を取り巻く関連業界や競合などの外部環境に注目し、どんな変化が起こっているのか、しっかりと感じ、どのような課題があるのか、自社にひきつけて何かできないか、ということに思いを馳せ続けるということこそが、タイムリーに的確な打ち手を打つことにつながるのです。


推薦図書：
『改訂3版　グロービスMBAクリティカル・シンキング』
　　グロービス経営大学院著、ダイヤモンド社
『改訂3版　グロービスMBAマーケティング』
　　グロービス経営大学院著、ダイヤモンド社

## 売上が上がらない状態を解決する考え方　COLUMN

　本章では、あらゆるビジネスシーンに適応可能な、一般的な分解の方法を見てきました。この方法は汎用性が高い一方で、常にゼロベースで思考を巡らせるため、多少時間がかかる場合があります。
　このコラムでは、多くの読者の方が実践しているであろう「営業」、つまり商品やサービスを顧客に売るための施策を考えていくことについて取り上げます。
　ノルマの達成に頭を悩めている方は多いと思いますが、いわゆる営業施策を考える場合、分解の第一ステップにマーケティングの枠組みを利用すると非常に有効です。

### ●STP-4P

　最もオーソドックスなマーケティングのフレームワークは、①市場をある切り口で層別に分解する（S：セグメンテーション）、②ふさわしいターゲットを選ぶ（T：ターゲティング）、③商品・サービスのメッセージ（ウリ）を明確にする（P：ポジショニング）、④具体的な打ち手（4P：商品、価格、広告・宣伝〈コミュニケーション〉、販売経路など）を考える、という4つのステップからなります。これらの4つのステップが一連の流れとして相互に整合が取れていることが重要です。
　まずはこの4ステップの中で、自社の商品が抱えている課題は何なのか、そしてそれはなぜ起こっているのかを考えます。
　例えば、ふさわしい顧客のターゲットが選ばれていない段階で、いきなり価格の話をしても意味がありません。逆にターゲットやメッセージが明確であるにもかかわらず売れていないので

あれば、問題は商品や価格ということになるでしょう。

　旅行会社の例では、既存顧客の2日間、中価格帯のバス旅行で女性の40代以上の3人以上のグループの売上に問題があると判明しました。

　売上が伸びない理由を分解すると、「商品が顧客のニーズに合わない」ということに行き着きますが、このSTP—4Pというステップで考えると、「ターゲットのニーズと商品が合致していない可能性」は容易に想像でき、ショートカットすることができます。マーケティングの枠組みで考えるステップは以下のようになり、さらに、その要素ごとに考え、問題箇所、理由を絞り込んでいきます。

- セグメンテーション（S）
- ターゲティング（T）
- ポジショニング（P）
- 打ち手（4P）
　商品／価格／広告・宣伝〈コミュニケーション〉／販売経路

　具体的にこのプロセスで考えてみましょう。
　まず自分たちがターゲットにしている2日間の旅行に行く人というのは一体どのような人たちなのか、ということを丁寧に考えます。

　仲のよい友だち同士の旅行なのか、何かの会の記念旅行といったものなのか、どういったメンバーでの旅行なのかということや、旅行の一番の目的は美味しい食事なのか、非日常を感じることなのか、観光なのかというようなことです。ターゲット顧客を具体的にイメージできたら、そもそもそこに本当に市場（ニーズ）があるのか、を確認します。そもそもふさわしいター

ゲットではなかったということもありえるのです。

　市場があるということがわかったら、今度はなぜ売上が減ってしまっているのかという理由を考えます。

　次にターゲットにしている顧客が、なぜ自分たちのブランドや商品を選んでくれないのか、ということを考えます。顧客は競合会社のブランドや商品と比較しながら、どの旅行を選ぼうか検討しています。選んでくれない、ということは競合会社の商品と比較して、「この旅行に参加したい！」と思ってもらえていないということですから、顧客に響くメッセージを打ち出せていないのではないか、ということを疑います。

　誰との旅行なのか、そして旅行の目的が何なのかによって、響くメッセージは異なります。仮に気心の知れた友だち同士の旅行で目的が非日常を感じることだとすれば、「安くて気軽に参加できる」というメッセージは、魅力的に映るでしょうか。

　もっと具体的に「普段訪れられない○○を巡る旅」といった方が明確なイメージが頭に浮かび魅力的に見えるはずです。

　そしてターゲット、メッセージに問題はない、ということであれば、その上で初めて打ち手の部分にフォーカスして検討するべきです。

　最後に、打ち手の方向性を俯瞰する切り口として、マーケティング的には４つのＰ（商品、価格、広告・宣伝〈コミュニケーション〉、販売経路）に分けて考えていきます。これら４つのＰはあくまでもどこに問題がありそうかという分解の第一ステップに過ぎず、それぞれのＰの中身についてはさらに分解して打ち手を考えていきます。

・商品：商品内容を変更する

〈例〉企画そのもの（グルメツアーや世界遺産ツアー）、出発日、

食事内容などの変更

・価格：値段を変更する
〈例〉旅行価格を下げて、昼食や夕食はオプショナルツアーとして設定する。安物の旅行と見られないように旅行価格を上げる。

・広告宣伝（コミュニケーション）：コミュニケーション方法を変更する、増やす、絞る。コミュニケーション方法は広告、パブリシティ（記事化）、人的販売（営業）、販売促進（イベントなどのプロモーション）、口コミの5つ
〈例〉広告を打つ媒体の変更や追加、雑誌や新聞などで記事として取り上げてもらう。宿泊先や観光協会などとタイアップキャンペーンをする。ソーシャルメディアに旅行の感想をアップしてもらう。インターネットサイトでお勧め旅行としてバナーを貼る。パンフレットに写真を増やし、視覚的に訴え、より魅力的に見せる

・販売経路：販売経路を変更する、増やす、絞る
〈例〉口コミサイトなどで販売を開始する。インターネットで新たなポータルサイトと契約する

● AMTUL

もう一つ、打ち手を考える上で、分解の第一ステップとなるマーケティングの考え方をご紹介しましょう。商品を購入する人間がどのように商品購買の意思決定をしていくのかというプロセスに着目するAMTULという考え方です。

この考え方では、認知、記憶、試用、本格使用、ブランド固定のうち、認知、記憶、試用段階までが新規顧客の獲得、その

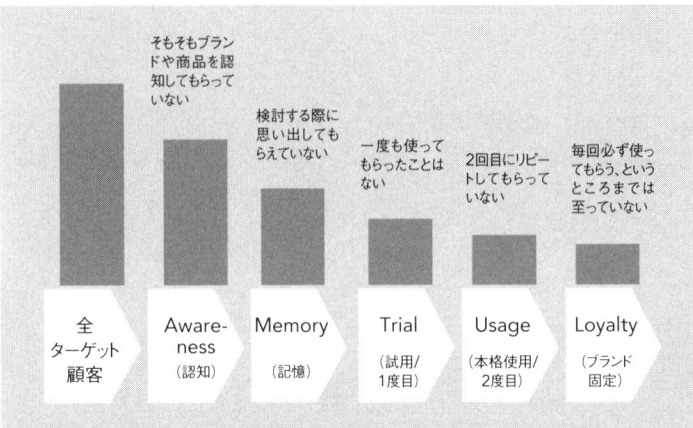

グラフ上部の注釈（左から右へ）:
- そもそもブランドや商品を認知してもらっていない
- 検討する際に思い出してもらえていない
- 一度も使ってもらったことはない
- 2回目にリピートしてもらっていない
- 毎回必ず使ってもらう、というところまでは至っていない

グラフの項目（左から右へ）:
- 全ターゲット顧客
- Awareness（認知）
- Memory（記憶）
- Trial（試用/1度目）
- Usage（本格使用/2度目）
- Loyalty（ブランド固定）

後本格使用、ブランド固定までが既存（リピート）顧客となります。

　旅行の事例で言えば、顧客に自社のブランドや商品を選んでもらいたいわけですが、顧客がそもそも自社のブランドや商品のことを知らないのか（認知）、知っているけれども旅行を検討しようと思った時に、検討するブランドや商品として意識してもらっていないのか（記憶）、顧客ごとにその段階が異なります。さらに初めてそのブランドの旅行に参加し（試用）、その後2度目の参加（本格使用）、最終的には旅行に行くとなったら、まずこのブランドから検討する（ブランド固定）というように考えることができます。

　顧客がこのプロセスのどの段階で引っかかっているのかということに注目し、その段階ごとに打ち手を考えます。企業は、いかに多くの顧客に途中で脱落することなく、この流れに沿って進んでもらうかに注目します。

　ここで言う認知とは、その商品や自社のブランドそのものの存在を知ってもらうということです。自社の旅行ブランドの存在そのものを認知してもらっている人が少ないのであれば、い

くらその後のプロセスの数字を上げるべく力を注いでも、もともとの母集団が少ないわけですから、限界がきます。なぜ認知されていないのか、どこに問題があるのかをさらに特定していく必要があります。

次に、瞬間的に認知してもらったとしても、対象とする顧客が旅行に行こう！と思った時に、そのブランドや商品の存在そのものを思い出すことができないと、申込には至りません。その場合はそのブランドや商品が顧客の頭に残っていないということですので、考える必要があるのは、なぜ残らないのか、どうすれば顧客に自社のブランドや商品を印象づけることができるのかということです。

さらに認知し、記憶もしているのにもかかわらず、新規で旅行申込（試用）してくれる人が少ない、ということであれば、新規顧客がそもそも1度も旅行申込してくれない原因がどこにあるのかを考えなければなりません。

1度参加したにもかかわらず2度目（本格使用）の参加をしてくれる顧客が少ない場合、そもそも初めての旅行の際に満足しなかったのではないか、ということを疑います。この場合は、改めてアンケートを見直し、満足度のスコアが落ちていないかなど確認する必要があるでしょう。

そしてさらに次の段階では、どうすればブランド固定されるか、さらに口コミをしてくれるようなロイヤルユーザーに顧客を育てることができるのか、が主に考えるべきテーマになります。

以上から、プロセスごとにどこに課題があるのか、またその課題に対して有効とされる打ち手がすべて異なってくるということが理解できたのではないでしょうか。だからこそ、まずどこに問題があるのかの特定こそが重要なのです。

AMTUL以外にもさまざまな考え方がありますが、究極的には自分の頭で自分が扱っている商品がどのような形のプロセスをたどって顧客に購入されるのか、自分で考えるしかありません。

CHAPTER 7

presentation

SECTION 01 — 04

プレゼンテーション力

CHECK LIST

# プレゼンテーション力　チェックリスト

1　プレゼンテーションと言えば、壇上でいかに素晴らしく振る舞うかがすべてだというイメージだ　CHECK

2　プレゼンの際、そのプレゼンが終わった後のあるべき状態を具体的に考えていない　CHECK

3　プレゼンの聞き手の中心人物が誰か、その人物の関心事、その関心事の背景にあるものなどに踏み込んだことがない　CHECK

4　プレゼンの時間や設備などの制約条件を十分理解せずに準備を進めることがある　CHECK

5　プレゼンの中身が「問い」→「その答え」→「新たな問い」→「その答え」という流れになっていない　CHECK

6　プレゼンで伝えたいメッセージを一言で言うことができない　CHECK

7　冒頭で、プレゼンの目的、重要性、そして時間構成などの予告を話すことがないままに本題に入ってしまう　CHECK

8　プレゼンの資料を読むのが精一杯で、相手の目を見て語りかけることまで意識できていない　CHECK

7章ではプレゼンテーションについての基本的な考え方について理解を深めていきます。

ここ数年、故スティーブ・ジョブズを初めとした著名人のプレゼンテーション動画などの影響もあってか、プレゼンテーションへの興味関心が増しているように感じます。

しかし、実際にさまざまな現場でプレゼンテーションを見ていると、本に書いてあるような見栄えのよいプレゼンテーション・テクニックや、デジタル・ツールばかりに意識が向いてしまう人が増えたようにも感じます。言うまでもなく、そういったテクニックやツールも、中身が伴ってこそ意味があることです。

ここでは、立ち居振る舞いやツールの使い方に苦手意識を持つ方が多いことは理解しつつも、それらのテクニックについては大胆に割愛し、プレゼンテーションの基本中の基本「論理の作り方」、「プレゼンテーション内容の固め方」を中心に整理をしていきます。

なぜなら、そのような苦手意識の多くは、いわゆる「立ち居振る舞い方」や「スライドの作り方」を学べば解決するものではありません。実はもっと根本のところに問題があり、それがたまたま目に見えるところに表れて出てくるだけだからです。

それでは「根本のところ」とは何でしょうか。それを理解するために、プレゼンテーションの際に必要な要素の全体像を紹介します。

まず、図表7-1で説明していることは、プレゼンテーションというのは、「B地点（プレゼンを受ける前）にいる人をA地点（とある目的地）に導いていく行為」であるということです。その観点を踏まえると、プレゼンテーションという行為は大きく4つの要素に分解できることがわかります。

①まずA地点がどこか、つまりプレゼンテーションの目的をどこに

図表7-1　プレゼンの全体像

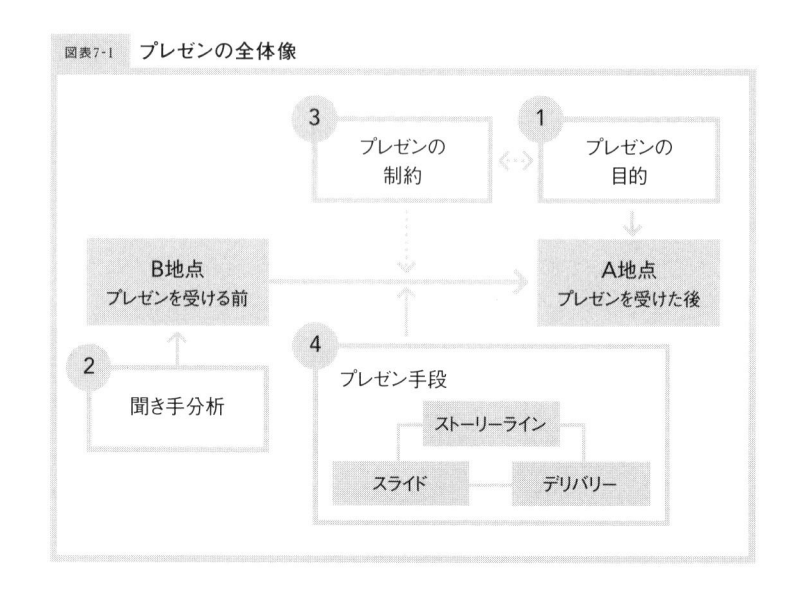

```
                    3 プレゼンの        1 プレゼンの
                      制約       <-->    目的
                                           ↓
    B地点                               A地点
    プレゼンを受ける前  ────────────→  プレゼンを受けた後

    2                    4 プレゼン手段
      聞き手分析              ストーリーライン
                         スライド      デリバリー
```

置くのか、ということを適切に定義すること
②それとともに、B地点、つまりプレゼンテーションを受ける人が、どういう状態にあるのかということを正しく理解すること
③そして、A地点に導くための制約条件は何か、ということを押さえること
④それら①〜③の視点を押さえた上で、具体的にどのような手段で導いていくのかを設計すること

　ここで大事なことは、私たちが着目しがちなデリバリー（伝え方）とか、スライドなどはプレゼンテーションを考える一つの要素に過ぎない、ということです。実はそれに至るまでに考えなくてはならない上流の工程があり、多くの場合はこの上流工程の巧拙によってプレゼンテーションは決まってしまうのです。
　まずはプレゼンテーション全体像を捉えながら、そもそもの目的を押さえて進めていくことが何よりも大切です。

SECTION 01

CHAPTER7_presentation

# プレゼンテーションの目的を押さえる

　プレゼンテーションにおいて何よりも大事なことは、その目的を押さえる、ということです。多くの人は、「目的を押さえることが大事」と言われても、「自分は少なくとも目的くらいは押さえているはず」と思うかもしれません。

　しかし、多くのプレゼンテーションにおいて、この目的についてはあまり十分に認識されていないように見受けられます。そこで改めてプレゼンテーションの目的を押さえる、ということはどういうことなのかを考えていきましょう。

## 1　目的は、「相手の状態を」「具体的に」定義する

　みなさんが、とある新規顧客に対する営業の場面において、プレゼンテーションを任されたとします。先方の担当者とはすでに数回の面談をしており、今回の面談でようやく担当部長を連れてきてくれることになりました。

　先方担当者からは、担当部長向けに質疑応答含めて1時間程度のプレゼンテーションをしてほしいと言われて、今その準備に取りかかるところです。

　さて、このような場面で、みなさんは何を考えるでしょうか？

　多くの人は、このような状況に置かれた瞬間に、パソコンに向かって手を動かし始め、プレゼンテーション資料を作り始めるでしょう。

では、「目的」はしっかり押さえられているでしょうか?
　おそらくそう問いかけられれば、「目的なんて考えている。それは、相手の担当部長に対して自社の説明をすることだ」と反論するかもしれません。しかし、まさにこの状態こそが、「目的が押さえられていない」ということに他ならないのです。
　目的を押さえる、ということは、「プレゼンテーション終了後の相手の到達地点を具体的に定める」ということになります。この言葉にしたがえば、今回のプレゼンテーションの目的を押さえるとは、「1時間後に担当部長にどういう状態になっていてほしいのか」を具体的に定義する、ということです。
　そう考えると、目的においてもさまざまなレベル感の可能性が考えられます。

- 1時間後、担当部長が「御社に契約を決めました」という「契約の意思表示」をする状態
- 1時間後、担当部長がいくつかの注文とともに「それを踏まえて具体的な見積書を持参してください」という「見積もり依頼」をする状態
- 1時間後、担当部長が抱える課題を話し、「この課題を解決するための商品提案をしてほしい」と「提案依頼」をする状態

　上記3点はあくまで例ですが、目的のレベル感はさまざまであり、どこに目的を置くかによってもそのプレゼンテーションにおいて伝えるべき項目や伝え方は変わってくるでしょう。
　プレゼンテーションは「目的ありき」ということです。過度にやり方やツールにこだわりすぎると最も重要な目的を見失うことにつながりかねません。この点をまずはしっかり押さえておきましょう。
　この目的を考える上で大事な点が2つあります。それは、

「自分がやることではなく、相手がどうなっているのかを示すこと」「抽象的な状態ではなく、できるだけ外から判断できる具体的な状態を示すこと」という2点です。

　ぼんやりと「相手の担当部長に対して自社の説明をする」ということを考えていても、ほとんど意味はありません。この目的を、「相手の状態で」「具体的に」考えるからこそ、プレゼンテーションの内容がその目的に向けてシャープに研ぎすまされてくるのです。

　加えて、この目的を明確に押さえる、というクセがついている人ほど、プレゼンテーション力の成長は早くなります。なぜならば、目的が明確であればあるほど、プレゼンテーションを終えた後の反省がしやすくなるからです。

　目的を「自社の説明をする」程度に考えている人にとっては、プレゼンテーションでどんな結果になろうが、「とりあえず話すことができた」となって合格になってしまいます。そこには成長の機会はありません。

　しかし、どのようなプレゼンテーションの機会であっても、上記のように結果として期待する相手の状態を具体的に定義していれば、想定結果通りに行ったか行かなかったかが明白になります。

　つまり、「小さな失敗機会を顕在化させる」ということになります。当然ながら、失敗が顕在化すれば、私たちは考え始めます。「目的が高すぎたのだろうか？」「それとも、話し方がいけなかったのだろうか？」……こういったサイクルを繰り返すことによって、私たちはプレゼンテーションスキルを高めていくことができるのです。

CHAPTER7_presentation

# 聞き手の状況を分析する

　目的を押さえると同時に考えなくてはならないことは、聞き手の状況です。聞き手を理解することについては2章のコミュニケーション編でも説明しましたが、プレゼンテーションにおいては、通常のコミュニケーション以上に重要な意思決定の場面などで行われることが多いため、より丁寧な分析が必要になります。

## 1 誰が中心人物なのか?

　たいていの場合、プレゼンテーションの相手は複数になります。営業提案であれば3〜4名、何らかの説明であれば、数十名、講演会などは100名を超える場合もあるでしょう。

　どのような状況においても、大事なことは、その中心人物を押さえる、ということです。この中心人物というのは、最初に定義したプレゼンテーションの目的を実現するための中心になっている人物のことです。

　その場で意思決定を求めるのであれば、意思決定権限を持つ人を探りましょう。もちろん、意思決定を迫るような場面でない場合も、中心人物の特定は必要です。

　例えば、何かの説明会や講演会であれば、押さえるべきは「その場の空気に大きく影響を与えそうな人物」(インフルエンサー)です。インフルエンサーは、例えばその場における一番の年長者、最も立

場が上の人、あるいはプレゼンテーションのテーマに対して最も知識を有している人などが該当する場合が多いです。

　可能な限り、事前に意思決定者、もしくはインフルエンサーの存在を特定すること。これがまず大事なポイントです。

### ② 中心人物の「問い」を理解する

　その上で、中心人物に対する理解を深めることが大切になります。まずは2章でも触れたフレームワークである「情報×解釈力×価値観」を理解することです。

　繰り返しになりますが、その中心人物が「そのテーマに対してどれくらいの情報を把握しているのか？」「そのテーマに対してどれくらいの視野の広さや深さを持っているのか？」、そして「どのような価値観や関心度合いでそのテーマを捉えているのか？」を押さえることは、きわめて大切なことです。


　話を先に進めていきましょう。

　プレゼンテーションの聞き手を分析する場面で一番理解しておきたいことは、その中心人物がその時点で大事だと思っている「問い」です。

　例えば、ある企業の人事部に対して、研修に関するプレゼンテーションをするとしましょう。中心人物（意思決定者）は、人事部長です。そこで大事なのは、人事部長が研修というテーマに対して持っている「問い」です。

「本当に研修は人材育成において効果的なのか？」という、そもそも論のような問いを抱えている人だとすれば、まずは何よりも先にその問いに答えるようなプレゼンテーションでなくては意味がありません。それは、例えば「どのベンダーが一番安くて手っ取り早くできるのか？」という問いを抱えている人事部長に対するプレゼン

テーションとは大きく異なるはずです。

　もちろん、この「問い」を、事前に知りうることはほとんどありません。プレゼンテーションの前に何らかの接点があれば多少は探ることは可能でしょうが、初対面の場合には「問い」に関する情報がほとんどない、ということも多いでしょう。

　大事なことは、わずかな手がかりから、「問いの仮説」を考え抜く、ということです。

### ③ 「問い」を理解するために、中心人物の「過去経緯」「環境」を調べる

　しかし、おそらく多くの方は、「わずかな手がかりから問いの仮説を考えろ」と言われても、何から着手すべきか困るかもしれません。そこで、そのためのアプローチを2つほど紹介します。

　まずは中心人物の「過去経緯」を押さえる、ということです。具体的には、その人がどういうキャリアを経てそのポジションに就いたのか、今日に至るまでにどういう人間関係を築き、どういう人からの影響を受けてきたのか、といったことが理解すべき代表的なポイントになるでしょう。研究開発部門の出身なのか、営業畑を長らく歩んできたのか、転職組なのか、人事部生え抜きなのか。同じ人事部長であっても、どういうキャリアなのかによって関係する知識量も大きく異なり、それに伴い「問い」の持ち方も大きく変わってくるはずです。

　もしくは、どういう人から影響を受けてきたのか、ということを理解しておけば、問いの傾向も理解しやすくなるはずです。

　例えば、社長からの影響を強く受けている人であれば、社長が対外的に発しているようなメッセージから本質的な問いを理解するヒントは出てくるかもしれません。このように、中心人物の「過去経緯」を丁寧に調べておくことは、きわめて重要なことになります。

もう一つのアプローチが、「環境」を押さえる、ということです。具体的には、問いの仮説を考えるために、その当事者を取り巻く幅広い環境から理解してみる、ということです。

　先ほどの人事部の話で考えれば、例えば3Cのような幅広く状況を見通すことができるフレームワークを活用して、人事部長を取り巻く環境に対して網羅的に情報を集めて、そこから人事部長が抱える「問い」に迫っていく、というやり方です。

　つまり、「その企業がいる市場にはどのような変化があるのか？　顧客はどのような傾向を見せているのか？」「その動きに対して、競合はどのような対応をしており、それは成功しているのか？」「それに対して、自社はどのような人材を揃えようとしているのか？　そして、その動き方はうまくいっているのか？」といったことに関係する外部情報を集めてみることです。

　普段はあまり目にしていなかったそのような情報にまで広く接してみることで、中心人物である人事部長が根本的に抱えている「問い」に近づくことができる可能性は高まるでしょう。3Cはあくまでも一例ですが、当事者の「問い」を押さえるためにも、幅広い視点で環境を押さえることは効果的です。


　失敗するプレゼンテーションにおいて共通に見られることは、このような「問い」を押さえるための努力を欠いている、ということです。地味な作業であり、あまり表立って語られることはありませんが、最低限の作法として覚えておきましょう。

SECTION 03　CHAPTER7_presentation

# プレゼンテーションの制約を理解する

　次に押さえるべきことは、プレゼンテーションの制約です。ここで言う制約とは、主に時間的制約、設備制約についてです。

　基本動作として、プレゼンテーションの時間を押さえましょう。何かの成果報告会のような場面であれば、「プレゼンテーション10分、質疑応答20分」といった指定がある場合が多いので、それにしたがえばよいのですが、営業の場面や会議の場合などは事前の時間制約指定がない場合もあります。

　そのような場合、得てして時間をあまり意識しなくなり、結果的に冗長なプレゼンテーションになりがちです。冗長が理由で失敗するプレゼンテーションを見る機会は数多くありますが、逆に短すぎることが理由で失敗することはほとんどありません。事前に時間制約の指定がない場合こそ、短めに時間の設定をしてみましょう。

　プレゼンテーションの本番は、予想以上に時間がかかるものです。頭の中では「1枚のスライドに1分程度。だから20枚くらいのスライドで……」と考えていても、聞き手を前にすると緊張して言葉が多くなり、結果的にその2〜3倍の時間がかかる場合があります。まだ場慣れをしていない方は、「時間はかなり限られている」という前提で保守的な見積もりをしておく方が無難です。

　次に設備的な制約です。

　まず会場についての理解です。特に会場が広すぎて、聞き手との

距離感が出てきてしまうような設定の場面では、どうしてもプレゼンターとの心理的な距離感が生まれます。もしそのような設定だということをあらかじめ理解できているのであれば、例えば距離感を縮めるためのアイスブレークを冒頭に入れるなどの工夫を、プレゼンテーションに織り込んでおくべきかもしれません。

会場一つでプレゼンテーションの空気は大きく変わります。したがって、可能であれば部屋は事前に見ておくこと。それができないのであれば、できる限りの情報をあらかじめつかんでおくべきでしょう。

勝負を分ける場面においては、些細な行動が結果を大きく左右する、ということも事実です。制約を理解する、というステップは丁寧に踏んでおくことをお薦めします。

### 設備については代替手段を確保しておくこと COLUMN

プレゼンテーションを行う場合、その多くはパソコンにプロジェクタを接続して投影する、という形式を取ると思います。まずその環境を把握することは当然なのですが、実際にはパソコンとプロジェクタがうまく接続できなかったり、パソコン自体が起動しなかったりといったことが起きます。

万が一、そういったツールが使えなかった場合の代替手段として何が使えるのかまで含めて理解しておくということです。「まさかそんなことは起きるはずがない」と思っている時ほど、不思議とパソコンが固まって身動きが取れない、などの状態に陥ってしまいます。「絶対ということはない」と肝に銘じて、万が一の代替手段を考えておくようにして下さい。

# プレゼンテーションの内容を考える

今まで、目的、聞き手分析、そして制約ということを深めてきましたが、それらの条件が押さえられた段階で、ようやくプレゼンテーションの内容を考えることができます。

ここで言う内容とは、目的地に至るまでの話の全体の流れを考え、そしてそれをスライドで表現し、実際に話すことによって相手に伝える、ということになります。それらの要素をここでは「ストーリーライン」、「スライド作成」、そして「デリバリー」と呼びます。

それではその3点について、これから具体的に見ていきましょう。

### 1 ストーリーラインを設計する

ストーリーラインとは、まさに「話の流れ」であり、目的地に到達させるために、どのようにプレゼンテーションの話を作っていくか、シナリオを考えることです。

例えるならば、大きな川の向こう岸に渡るための置き石のようなものです。川幅を踏まえて適切な位置に置き石が置いてあれば、リズムよくジャンプしながら向こう岸に渡ることができます。しかし、置き石の場所がばらばらであったり、距離が離れていたりすると、川を渡ろうとしても渡ることができません。

このように、向こう岸への川幅（目的地）と渡る人（聞き手）を考えながら、置き石の置き方を設計することが、ストーリーライン

ということになります。

　そう考えると、置き石の場所（＝ストーリーライン）を最初に設計し、そしてその石自体の加工（スライド作成）は後から考えればよいということは当たり前のように理解できます。全体を考えてから細部を作りこむ、ということは、どのような業務であっても基本動作です。しかし、不思議なことにプレゼンテーションの場合、そのようにはなりません。

　多くの人はいきなりパソコンを立ち上げて個別のスライドの作成に入ります。それだけ「スライドを作る」という行為の引力が強いということです。しかし、スライドから作り始めるとどうなるでしょうか。その先のプレゼンテーションの現場で待っているのは、プレゼンテーターの話を上の空で聞きながら、手元で携帯電話をいじっている聞き手の姿です。ただでさえ忙しいビジネスパーソンの興味関心を10分以上つなぎ止めておくのは、ものすごく難しいことだからです。

　ちょっと話についていけなくなる、もしくは自分との関係性がわからなくなる、となった瞬間に、聞き手は別のことを考え始めたり、内職をし始めます。

　そうならないためにも、入念に全体像としてのストーリーラインを練っておく必要があるのです。

　ストーリーラインの必要性を認識いただいた上で、その作成の注意ポイントを簡単に述べておきましょう。

### （1）細かな「問い」と「答え」を繰り返す

　簡潔に言えば、細かい「問い」と「答え」を繰り返していく、ということです。例えば、以下のようなイメージです。

問い：みなさんは○○ということを考えたことはないでしょうか？
答え：この疑問については、昨今ではAをすればよい、ということが言われています。
問い：しかし、これは本当でしょうか？
答え：実はそんなにうまくいく話ばかりではありません。例えば△△という例もあります。
問い：では、何が大事なのでしょうか？
答え：私たちの調べでは、重要なポイントはAではなくBにあると考えています。
問い：でもBとは何？　と思う人もいるでしょう。具体的に説明しましょう。
答え：Bというのは□□ということです。
問い：では、なぜ今Bが大事なのでしょうか？
答え：それは××です。

図表7-2　ストーリーラインのつくり方

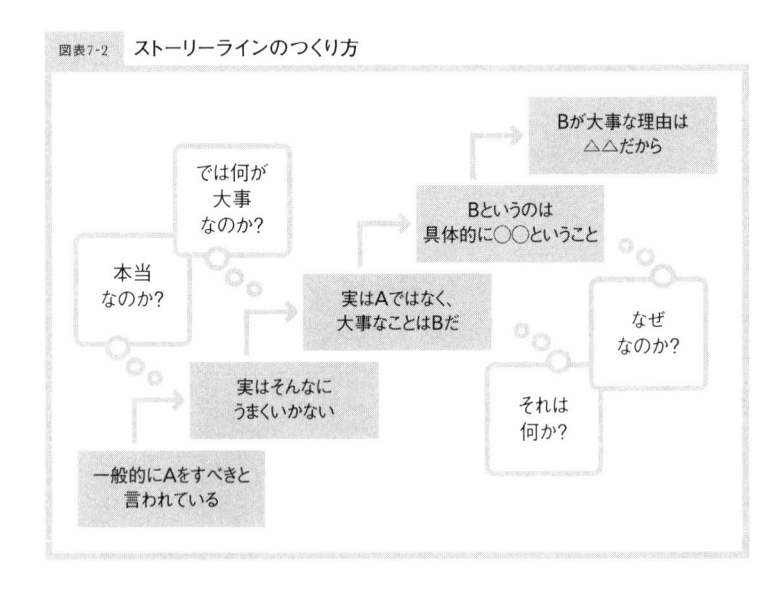

もちろん、闇雲に問いを出せばよい、という話ではありません。大事なことは、「聞き手が当然持つと予想される問い」を先回りして提示することです。このように聞き手を考えた細かい「問い」と「答え」を小刻みに繰り返すことにより、聞き手の関心も持続しやすくなります。

　この「問い」と「答え」の一連の流れを考えることこそが、ストーリーラインの中心になります。

## (2) ストーリーのパターンを理解する

　細かな構成は、先に述べたような「問い」と「答え」を重ねていくのですが、それと同時に大まかなストーリーも組み立てておく必要があります。その際、聞き手の頭におさまりやすいようなストーリーのパターンを理解しておくとスムーズでしょう。

　ここでは2章の「コミュニケーション力」で紹介したフレームワークと一部重なりますが、改めて非常に汎用性の高いストーリーのパターンをいくつかご紹介しておきます。

### ・課題－原因－解決策

　まず課題点を提示します。相手が課題自体を認識していない場合は、ここをしっかり認識させることが大事です。

　課題を定義した上で、「なぜそんなことが起きているのか？」という原因を提示します。そして、最後に、「その原因を解消するためにはどんな手段がベストか？」という解決策を提言します。

　何かの問題点を解決するためのプレゼンテーションであれば、まず大まかにはこの流れでストーリーを流すのがよいでしょう。

### ・空－雨－傘

　まず「空」、つまり現在の状態を定義します。その上で、「雨」と

いうことで、この現状の先に待ち受けているシナリオを提示します。そして、最後に、「傘」においてはそのシナリオが発生した際に求められるアクションを提言します。

　これは、未だ見えていない今後のアクションを提言する時に使えるストーリーのパターンです。

**・特徴－意味合い－具体例－証拠**
　まずその商品やサービスのスペック面における特徴を具体的に述べます。その次に、その特徴から派生する相手にとっての意味合いやメリットを提示します。

　そして、それが相手の頭にイメージが湧きやすい具体例のワンシーンを入れます。最後に、それがなぜそう言えるのか、そんなことができるのか、ということを補強できる根拠などを挟みます。

　これは、具体的なサービスやプロダクトを提案する時に使う流れです。もちろん、一つ一つの項目の順番は前後していても活用できます。8章でもストーリーの作り方について触れていますので、参照して下さい。

## ② スライドを作成する

　ストーリーラインができたら、ようやくスライド作成に入ります。
　プレゼンテーションに使われるスライドは、スライドを通じて伝えたい「メッセージ」と、それを表現する「ボディ」という2つによって構成されています。スライドを作る際は、この2つをそれぞれ考えることが重要になります（図表7-3）。

　以下、メッセージとボディに分けて説明していきます。

図表7-3　スライドのイメージ

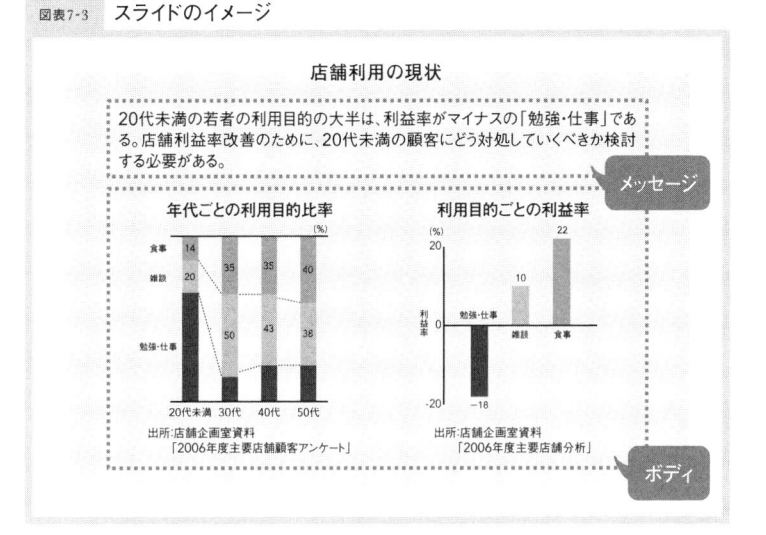

**店舗利用の現状**

20代未満の若者の利用目的の大半は、利益率がマイナスの「勉強・仕事」である。店舗利益率改善のために、20代未満の顧客にどう対処していくべきか検討する必要がある。　　　　　　　　　　　　　　　　　　　　　メッセージ

年代ごとの利用目的比率／利用目的ごとの利益率
出所：店舗企画室資料「2006年度主要店舗顧客アンケート」
出所：店舗企画室資料「2006年度主要店舗分析」　　　　　　　ボディ

## （1）メッセージが先、ボディは後

　最初に念を押しておきたいことは、スライドのメッセージというのは、「ストーリーラインを分解する」ことによって作るものである、ということです。

　裏を返せば、ストーリーラインができていない限りにおいては、スライドのメッセージは作れませんし、作るべきではありません。

　作業としてお薦めしているのは、以下の手順です。

①ストーリーラインを一つずつ分解する
②それを1枚ずつスライドに記入する
③全体の流れが通っているかを確認する
④問題なければ、そこからメッセージを表現するボディを作りこむ

　つまり、スライドを1枚ずつ完成していくのではなく、まずはメッセージだけでプレゼンテーション・パッケージを完成させてしまい、

その後、1枚ずつボディを完成させていく、ということです。

　もしボディから作り始めると、往々にしてストーリーが後からつながらなくなる（そしてそれを本人も気づかない）ということが発生します。最初に文字ベースでストーリーの流れを確認してから、最後に仕上げとしてボディ作成で手を動かす、ということをお薦めします。

### (2) ワンスライド、ワンメッセージの原則

　その上で、メッセージ作成において意識しておきたいのは、「ワンスライド、ワンメッセージ」、つまり1枚のスライドは一つのメッセージにとどめる、という原則です。

　1枚のスライドで多くのことを語ろうとする人がいますが、1枚に複数のメッセージを織り込むと、スライドが情報過多で見づらくなる、ということや、複数のメッセージが絡みあってそれぞれのメッセージがぼやけることにつながり、結果的に伝えたいことの威力が

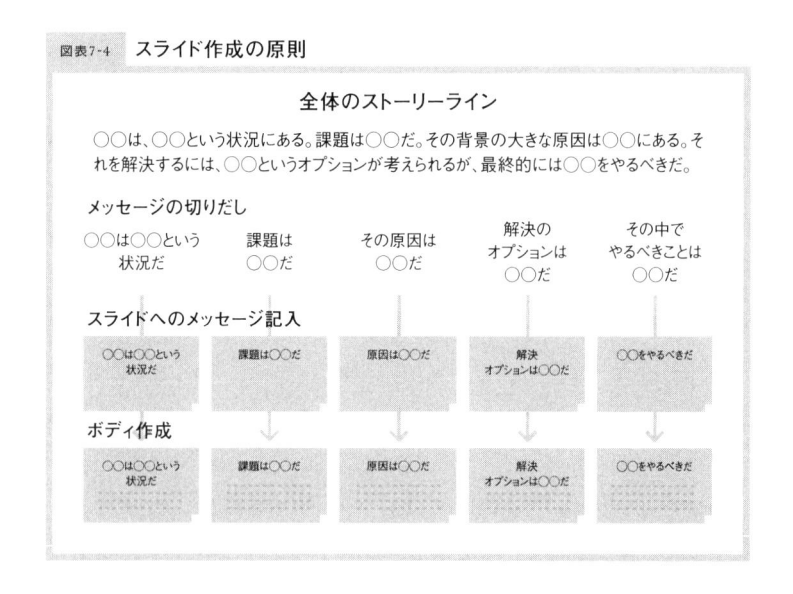

図表7-4　**スライド作成の原則**

**全体のストーリーライン**
○○は、○○という状況にある。課題は○○だ。その背景の大きな原因は○○にある。それを解決するには、○○というオプションが考えられるが、最終的には○○をやるべきだ。

**メッセージの切りだし**

| ○○は○○という状況だ | 課題は○○だ | その原因は○○だ | 解決のオプションは○○だ | その中でやるべきことは○○だ |

**スライドへのメッセージ記入**

**ボディ作成**

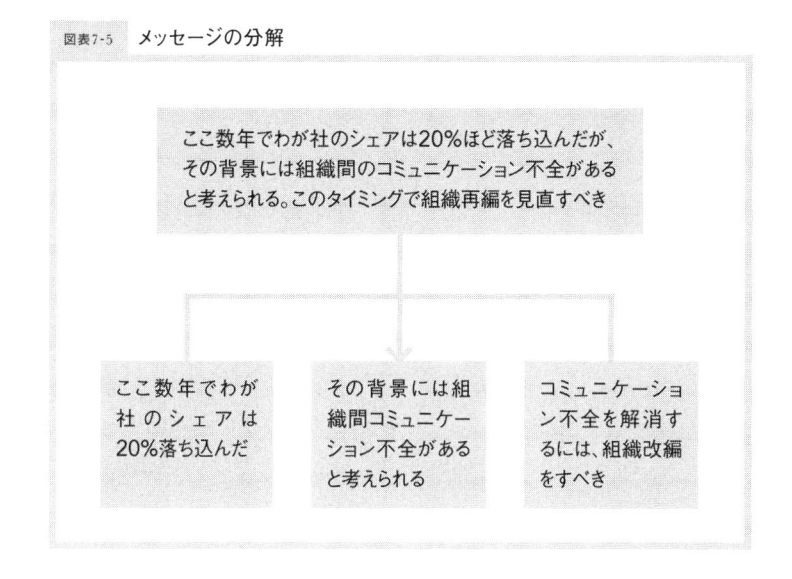

図表7-5　メッセージの分解

```
┌─────────────────────────────────────────────┐
│ ここ数年でわが社のシェアは20%ほど落ち込んだが、│
│ その背景には組織間のコミュニケーション不全がある│
│ と考えられる。このタイミングで組織再編を見直すべき│
└─────────────────────────────────────────────┘
                     ↓
┌──────────┐  ┌──────────┐  ┌──────────┐
│ここ数年でわが│  │その背景には組│  │コミュニケーショ│
│社のシェアは │  │織間コミュニケー│  │ン不全を解消す │
│20%落ち込んだ│  │ション不全がある│  │るには、組織改編│
│          │  │と考えられる  │  │をすべき    │
└──────────┘  └──────────┘  └──────────┘
```

落ちる、ということになります。

　メッセージを一つに絞り込むこと、そして結果的にメッセージが複数あれば、スライドを複数に分割することをお薦めします。

　例えば「ここ数年でわが社のシェアは20%ほど落ち込んだが、その背景には組織間のコミュニケーション不全があると考えられる。このタイミングで組織再編を見直すべき」というメッセージの塊があるとすれば、

メッセージ1枚目：「ここ数年でわが社のシェアは20%落ち込んだ」
メッセージ2枚目：「その背景には組織間コミュニケーション不全があると考えられる」
メッセージ3枚目：「コミュニケーション不全を解消するには、組織改編をすべき」

という感じで、少なくとも3つのメッセージに分けてみましょう。

　本来、丁寧に伝えようとすれば、3枚のスライドで伝えるべきことを無理に1枚に集約しようとすると、聞き手が十分にメッセージ

を咀嚼できなくなる可能性があります。

したがって、ここが大事なメッセージであるならば、スライドの数が多くなっても、丁寧に分けたスライド作りをすべきでしょう。

### (3) ボディは「メッセージとの整合性」×「見やすさ」で決まる

メッセージが出来上がった段階で、最後にボディを作ります。ボディ作成における留意点は「メッセージとの整合性」と「見やすさ」の2つです。

ここまで読んでこられた方は、「メッセージと整合したボディを作るなんて当たり前じゃないか」と思われるかもしれません。しかし、ボディを作る上で必ず出てくる欲求が、「あれも入れたい」「これも入れたい」というものです。

無意識のうちにその欲求にしたがっていると、メッセージとは関係ない情報をふんだんに含んだスライドが出来上がってしまいます。「この5年でシェアが20％落ちた」というメッセージを作る際、「シェアだけじゃなく利益率の落ち込みも表したい」とか「20％の内訳を説明したい」といった欲求がわき起こってきます。しかし、その先に出来上がるのは、情報過多なスライドです。ここで大事なことは、「ボディはメッセージをそのまま素直に表せばよい」ということです。「シェアが20％落ちた」ということであれば、それだけを表すスライドを作ればよいのです。

そして、もう一方の「見やすさ」というのは、聞き手の目を惑わさないスライドになっているか、ということです。

ここでは、聞き手にとって見にくいスライド、つまり悩ませてしまうスライドの代表例を示しておきましょう。

・縦軸と横軸がよくわからない
・単位がわからない

・出典元、引用元がわからない
・視点の流れが「右から左」「下から上」となっている
・字が細かすぎて読めない
・色がちらついてどこに注目したらよいのかわからない

　このような聞き手を戸惑わせるスライドは、聞き手の集中力を削いでいきます。わかりやすく、可能な限りシンプルに表現することを心がけましょう。

### ③ デリバリーを考える

　最後に実際のプレゼンテーションの話し方、伝え方についてまとめておきます。

#### (1) イントロダクションはPIPを押さえる

　イントロダクションの重要性は多くの人が理解をしている一方で、それを実践できている人が驚くほど少ないのも事実です。前に立った瞬間に舞い上がってしまって何を言うべきなのかわからなくなる、ということがその背景にあります。

　どんな場面でも慌てないために、最低限どのようなプレゼンテーションにおいても汎用的に使える「イントロダクションで言うべきこと」、ということを押さえておくと便利でしょう。

　その点については、『マッキンゼー流プレゼンテーションの技術』（ジーン・ゼラズニー著、東洋経済新報社）という書籍において、「PIP」というフレームワークでわかりやすく整理されていますので、ここでご紹介したいと思います。

#### P：Purpose（目的）

　プレゼンテーションの最初で目的を語ります。あなたが誰で、何

のためにプレゼンテーションを行うのか、を簡潔に伝えましょう。

I：Importance（重要性）

　プレゼンテーションの目的が、聞き手にとってどれだけ重要なのか、緊急性のあることなのか、を聞き手の目線に立って語ります。

P：Preview（予告）

　そのプレゼンテーションの全体的な構成、時間配分を語りましょう。つまり、どんな「問い」に答えていくのか、どんなメッセージをどんな順番で伝えていくのか、どれくらいの時間をかけていくのか、ということを、聞き手の興味関心を引く形で伝えてください。

　冒頭にこのPIPが欠けているプレゼンテーションは、少なからず聞き手にストレスをかけることになります。
「目的が見えず、果たして聞く価値があるのかわからないままに拘束され、いつ終わるかわからない」、そんなプレゼンテーションを聞きたい人は、なかなかいないでしょう。そういう意味で、PIPを語るということは、プレゼンテーションの最低限の作法でもあります。

## (2) 自信を持って聞き手に語りかける

　よく、「スピーチは3日も経てば、話の大半は忘れられてしまう。聴き手が覚えているのはスピーチしている人の態度や迫力、雰囲気などだ」ということが語られます。それだけ話し手の姿勢が重要だ、ということです。

　相手に伝わる姿勢を作るために大事なのは、細かなテクニックよりも、話す内容について、自分自身が心の底から自信を持つ、ということです。役者でもない限り、自分が信じ切れていない内容を自信満々で語ることはできません。どこかでボロが出て、聞き手に気づかれてしまいます。それはテクニックやツールでごまかしきれるものではありません。「本当に自分がその内容を信じるまでは、人

前に立つ資格はない」、と言っても過言ではないでしょう。

　そして、もう一つ大事な点は、「聞き手に語りかける」ということです。よく人前に立ったプレゼンテーションになると、話のトーンが変わり、仰々しく格式ばった話し方になる方がいます。しかし、相手にとって最も伝わりやすい伝え方とは、「素のままの自分の言葉で語りかける」ということです。

　プレゼンテーションの後に質疑応答がある場合、聞き手にとっては、プレゼンテーションよりも質疑応答の方が魅力的に感じる傾向にあります。なぜかと言うと、質疑応答の場合は、質問者に向けて直接自然に話しかけるスタンスになるからです。

### (3) 聞き手に真摯な関心を持つ

　最後に、たとえ一方向形式のプレゼンテーションであっても、聞き手に対する真摯な関心を持ちながら話す、ということの大切さです。素晴らしいプレゼンターというものは、たとえ内容が決まっているプレゼンテーションであっても、「自分のために、自分の状況に合わせて伝えてくれているんだ」という共感を生み出すことができます。

　これは、プレゼンターが聞き手の状態に関心を持ち、そしてその場の状況に応じて話の軽重を柔軟に変えるからこそできるのです。そのためには、聞き手に素直な真摯な関心を持つことが何より大切です。しっかり相手の目を見て、様子を確認しながら、敬意を払いながらプレゼンをするようにしましょう。

　以上、プレゼンテーションの基本事項について整理をしてきました。着目されやすいスライドの作り方やデリバリーの仕方などは基本的な内容にとどめ、その上流にある考え方を中心に説明しました。まずは身近な機会を使って、実践してみて下さい。

推薦図書：
『マッキンゼー流プレゼンテーションの技術』ジーン・ゼラズニー著、数江良一・菅野誠二・大崎朋子訳、東洋経済新報社
『マッキンゼー流図解の技術』ジーン・ゼラズニー著、数江良一・菅野誠二・大崎朋子訳、東洋経済新報社
『パワー・プレゼンテーション』ジェリー・ワイズマン著、グロービス・マネジメント・インスティチュート訳、ダイヤモンド社

CHAPTER **8**

involving others

SECTION

01
―
08

周囲を
巻き込む力

CHECK LIST

## 周囲を巻き込む力 チェックリスト

1　日々の仕事を通じて、信頼の残高を上げる努力を積み重ねる意識が不足している　CHECK

2　自分の所属する部署を含めて、意思決定者につながる社内人脈の戦略的な構築ができていない　CHECK

3　巻き込みたいキーパーソンの興味関心、能力などを常に理解するための観察、コミュニケーションができていない　CHECK

4　組織の目標を達成するためのキーパーソンに対する事前の丁寧な説明などを時々おろそかにしてしまう　CHECK

5　プロジェクトなどの開始時であるにもかかわらず、いきなり大きな成果を求めて動き始めてしまうことがある　CHECK

6　わかってくれているはずとの前提などから、自らの本気度、熱意を繰り返しメンバーに語り続ける努力を怠っている　CHECK

7　メンバーに何かを語る時は、事実や数字だけを重視し、その背景にあるストーリーなどはあまり語っていない　CHECK

8　会議は、結論を急ぎがちで、アジェンダを設定したり、話を広げたり、深めたりした上で話をまとめることに意識が向いていない　CHECK

8章では、一人ではなく、チームで仕事をする際に非常に重要となる「周囲を巻き込む力」について考えていきたいと思います。

　日常の仕事のシーンを思い出してみてください。一人だけの力で最初から最後までやる仕事というのは、全体の仕事のどのぐらいの割合を占めているでしょうか。

　普通に考えれば、限りなくゼロに近いはずです。私たちの仕事のほとんどは誰かの力を借りて、もしくは誰かの仕事の成果を受けて行われているのです。

　つまり、周囲を巻き込んで仕事を進めるのは必須であるにもかかわらず、ビジネススクールで教鞭をとっていると、「自分には人を巻き込んで物事を前に進めていく力が不足している」という自己認識を持っている人が非常に多いように感じます。

　著者は「巻き込む力」を高めるには大きく3つの要素が大切だと思います。

　1つ目は「人が巻き込まれたくなる、意味のある目標、ビジョンを掲げる」ということです。人が動く時には、動く理由が必要です。何のためにやるのか、誰のためにやるのか、会社のため、社会のためにどんな意味があるのかなどを感じてもらうことが、人を巻き込むためには不可欠です。特に厳しい状況下では、人間は大義を求めます。自分だけのための目標などに人が巻き込まれるはずがありません（詳しくは9章で書きます）。

　2つ目は、本書の前半で議論してきたような思考力を駆使して、「掲げた目標を達成する、実現可能性の高い戦略を描く」ということです。

　そして3つ目は「実際の行動として人を巻き込んでいく」ということです。本章では、3つ目の「実際の行動として人を巻き込んでいく力」を高める方法を、8つの要素に分解して見ていきます。

SECTION 01　CHAPTER8_involving others

# 周囲からの
# 信頼の残高を増やす

　多くの読者の方は、たいていは自分が信頼している人から何かを頼まれた時、伝えられた時に「じゃ、やるか」と動き始めるのではないかと思います。あの人の言うことなら、一緒にやろう。間違いないだろう。あの人についていけば大丈夫だろう。そんな考えを持つことのベースになるものは、「信頼」です。

　最終的には、状況を分析し、動くべきか動かない方がよいかを考えて結論を出すような場合でも、話を前向きに聞いてみるかどうかは「信頼」というベースの上に築かれていることが多いはずです。

　では、どうしたら、ビジネスにおける信頼を作り上げることができるのでしょうか。一口に、信頼を作ると言っても、いろいろな努力が必要ですが、ビジネスにおいてまず大切なことは、「小さい実績」を、着実に積み上げ続けるということを挙げたいと思います。まさに、「急がば回れ」です。

　では、実際に何が信頼醸成に深く関係するかを見てみましょう。表にその要素をまとめてみました。自分の感覚で結構なので、表に○×△の自己評価を記入してみてください。

　周囲を見渡してみてください。この表に○が多くついた方は、自然と多くの人からの信頼を集めているのではないでしょうか。そして、それは小さい評判を社内外で生んでいるでしょう。

　信頼を寄せる側が、その行動を実際に見ている、感じている結果、

| | 自己評価 |
|---|---|
| **専門性** | |
| 自分のビジネスについてしっかり理解している | ☐ |
| 自分のビジネスについて常に情報収集などをしている | ☐ |
| **仕事の進め方などに関する実績** | |
| 質は良し悪しはともかく絶対に手は抜かない | ☐ |
| 小さいことをおろそかにしない | ☐ |
| 期日中に出すべきものをしっかり出す | ☐ |
| 会社、お客さんのところに行く時、絶対に遅刻しない | ☐ |
| **仕事に対する姿勢** | |
| 最後の一人になっても頑張り続ける | ☐ |
| 誰よりも努力している | ☐ |
| いやなことから逃げない | ☐ |
| しっかり責任を取り、人のせいにしない | ☐ |
| しっかり現場を見に行く | ☐ |
| 常に学ぶ姿勢がある | ☐ |
| **コミュニケーション** | |
| 常に丁寧にコミュニケーションする | ☐ |
| しっかり人の話を聞いている | ☐ |
| 物理的に距離がある忘れられがちなメンバーにも常に配慮する | ☐ |
| 謝るべき時はきちんと謝る | ☐ |
| **その他** | |
| コミュニケーションすると元気になる | ☐ |
| 関わるとよいことがある | ☐ |

出所:『社内を動かす力』グロービス著、田久保善彦執筆、ダイヤモンド社より引用、著者修正

それが評判になるのです。ちまたのリーダーシップの議論には、その人が持っている考え方や思想などを重視するものも多いですが、結局周囲から見えるのは、実際の「行動」なのです。人を巻き込んで仕事を進めることができる人になりたいなら、まずはそのことをしっかり認識しなければなりません。

　このリストの項目は、当たり前のことばかりが書かれていますが、継続できる人はそう多くないかもしれません。3日だけ続けるならできても、長期間継続するとなると大変な努力が必要となります。

　資料の提出期限などについては約束の期日に遅れない。待ち合わせの時間にも必ず5分前には行く。こうした小さいことを積み上げた結果が、自分自身の「信頼の残高」として積み重なって、初めて周りの人を巻き込むことができるのです。

　逆に言えば、どんなに正しいことを考え、正しいタイミングで、正しい方法で伝えても、信頼を寄せられていなければ、人は動いてくれないと認識すべきです。大きなことを成しえるためには、まずは小さいことをしっかりと積み重ねることが大切です。「細部に神は宿る」のです。

　「信頼の残高を増やす」項の最後に、人としての「チャーム」という話をしておきましょう。ここまでは、信頼を積み上げる思考や行動を見てきました。これらに加えて、応援したくなる人とはどんな性格・性質の人でしょうか。やはり、明るく、ウソをつかない、謙虚に人の話を聞き、自分の弱みをさらけ出す強さを持っているのは、チャーミングな人ではないでしょうか。

　自然と人が集まってくる、自然と人からの支援を取り付けてくる人を、生まれ持った性格だからと思考停止してあきらめるのではなく、自分が持ちうるチャームポイントは何かを理解することも非常に大切です。

# 社内人脈を作る

　2つ目のポイントは、「人脈を作る」です。一般的に仕事を進める場合には、まずは社内のメンバーを巻き込んでいかなければならないことが多いはずです。しかし、企業研修の講師をしていると、特に最近、「若い人は社内より社外のネットワーク作りに熱心なんだよね。若手社員とは飲みに行ったりする機会も少なくなったなぁ」といった声をよく聞きます。
　社内に閉じこもっているのはダメ、社外の人とのネットワーク創りのための異業種交流会に参加しましょう、といった話は若手向けのビジネス雑誌などでもよく書かれていることですし、実際に大切なことだと思います。
　しかし、冷静に考えてみてください。社外にばかり目をやり、社内に意味のあるネットワークを「意図的に作る努力」を怠ってはいないでしょうか。
　ランチはいつも同期か、同じ部署の親しい先輩と一緒に行っていませんか。意図を持ってネットワークを作る努力をしなければ、いざ何かをしたいと思った時に、巻き込まれてくれる人の数も種類も増えないのは当たり前です。
　では、意味のある社内人脈とは何でしょうか。いろいろな定義の仕方があると思いますが、「自らを成長させてくれる」であるかどうかが大切なポイントです。具体的には、

- ●困った時に、親身に相談に乗ってくれる人
- ●社内外の人とつないでくれる人
- ●困った時に、味方になってくれる人
- ●失敗した時、しっかりだめ出しや叱ってくれる人

　と知り合いになっているかといった要素を満たしているかです。特に最後のポイントは大切です。
　付き合いやすい人、話しかけやすい人とは、ネットワークを作りやすいはずです。しかし、それだけでは不十分で、たとえ付き合いにくい人、厳しい人でも、自らを高めてくれる人との人脈を作らなければなりません。
　また、ネットワークが広がる、深まるという話と、知り合いが増えるということは、まったく意味が違うということも忘れてはいけません。
　いざという時に頼りになる真のネットワークを作り、維持するには、それなりのエネルギーをかけ、時間をかけていかなければならないのです。

　人を巻き込んで仕事をするというのは、人脈しかり、結局は平時からの積み重ねの結果、成しえることです。何かが起きた時に急に誰かを巻き込もうとして巻き込めるものではありません。そのことを肝に銘じておきましょう。

## 巻き込みたい人を理解する

　人を巻き込もうと思った時に大切なのが、巻き込みたい人のことを知るということです。
　読者のみなさんも、周囲の人々のことを知るために、いろいろな努力をしていると思いますが、さまざまな方々と議論をしていて感じるのは、現実的に、相手を知るためのコミュニケーションの時間が、どんどん少なくなっているということです。

- 業績が悪い中、採用ができず、忙しすぎてコミュニケーションをしている時間が取れない
- チームや課、部で飲みに行く機会が非常に少なくなった
- 上司や先輩と飲みに行く機会などを若者が学びの機会と捉えられなくなった

など、本当にさまざまな話を聞きます。しかし、これであきらめていては、話は前に進みません。さまざまな機会を捉え、ぜひ多面的なコミュニケーションをしていくべきです。
　さらに、当たり前のことですが、コミュニケーションだけでなく、「観察する」ことも大切です。日常の行動には、本当にたくさんのメッセージが埋まっているものです。
　何となく表情が暗い、ちょっとした遅刻が続く、毎晩退社が遅い

など、小さいメッセージを見逃さないようにすることが大切です。特に用事がなくても、声をかけながら、三十分くらいの時間をかけ、オフィスを歩き回ると、たくさんの有用な情報を得ることができます。

　本人とのコミュニケーションや、自らの目による観察の他にも、周辺の人からの情報収集も欠かせません。

　特に大きな組織になると、全体を見渡すことが難しい状況のことも多くなります。そんな時は信頼できる人からの情報を活用するのです。特に、これから取り組もうとしている件に関連して、ノックアウトファクターとなる人間関係がないかなどを確認しておくことは非常に重要です。

　では、一口に、関係者を知るといっても、実際には何を理解すればよいのでしょうか。すべての情報を引き出し、そして理解するのは難しいと思いますが、表のような項目を意識するとよいと思います。ぜひ、主要メンバーの理解度チェックに使ってみてください。

　巻き込みたい人を巻き込むためには、まずは相手を理解する必要があるのです。

| 一般的な相手の理解 | | | 自己評価 |
|---|---|---|---|
| 能力 | どのような経験・実績の持ち主か | | □ |
| | どのような知識・専門性を持っているか | | □ |
| | どのような視点・視野を持っているか | | □ |
| | 普段、どのような手順やプロセスで仕事に取り組んでいるか | | □ |
| | リーダーシップを取ることができるか | | □ |
| | チームプレイができるか | | □ |
| | 新しいことにチャレンジしているか | | □ |
| | 難しいことにチャレンジしているか | | □ |
| 仕事のスタイル | 報告・連絡・相談をしっかりする人か | | □ |
| | 細かいことが得意か、大きなことをダイナミックに進めるのが得意か | | □ |
| 嗜好性 | どんな仕事にわくわくして取り組むか | | □ |
| | どんな仕事にはわくわくできないか | | □ |
| 意欲・姿勢 | 問題意識、現状に対する危機意識は高いか | | □ |
| | 当事者意識は高いか | | □ |
| | 目標達成意欲は強いかどうか | | □ |
| | 感情のコントロールはできるかどうか | | □ |
| 性格 | 明るい性格か、暗い性格か（ムードメーカーになれるか） | | □ |
| | 気分の浮き沈みは大きいか、小さいか | | □ |
| | 口は堅いか | | □ |
| | 心配性か楽天家か | | □ |

| 現在の相手の状況理解 | | 自己評価 |
|---|---|---|
| 繁忙状況 | 残業の状況 | □ |
| 体調 | | □ |
| プライベートの心配事 | | □ |

出所:『社内を動かす力』グロービス著、田久保善彦執筆、ダイヤモンド社より引用、著者修正

SECTION 04

CHAPTER8_involving others

# 健全な根回しをする

　次は、根回しについてです。根回しは、一言で言えば、正式に人を巻き込みに行く前の「下ごしらえ」です。
「根回し」と言うと、ネガティブな印象を持つ方も多いかもしれません。しかし、「健全な根回し」、つまり「私利私欲に走らない、社会、会社のためになること」は、どんどんやるべきだと思います。
　最近、アメリカのビジネススクールの幹部向けコースで、根回しを教えるクラスが設定されているという話を聞きました。グローバルに見ても、多様な文化、価値観を超えて、効果的に仕事を進めるためには、健全な根回しの重要性が高まってきています。
　根回し＝自分の立場を有利に持っていくという概念を払拭し、Win-Winの関係を創ることを目指したいものです。
　では、根回しをする際には何に気をつけたらよいのでしょうか。
　一つ目は、ステークホルダーの分析をするという事です。大きな企業になれば、部署間で利害が相反することや、意思決定者の意見が合わないこともしばしばです。
　なぜなら、関係者が多様な場合には、目標、価値観、見解の違いが、意見の違いをもたらすからです。このような場合、「微妙な」調整は必要不可欠です。この際、対象となる事柄に対し、関係者がどのような興味関心を持っているか、または影響力を持っているかを冷静に分析することが重要となります。これがステークホルダー

分析です。

　ある改革を実施する際に、反対する人が出ることは必然です。なぜなら、何か失うものが確実に存在するからです。であれば、正確に何を失うのか、失うものの大きさは、何かで補完できるのかなどを事前にしっかり把握しておくことの重要性は言うまでもありません。

　2つ目は、人脈を駆使して根回しをするということです。実際に根回しをするにあたっては、人脈が非常に重要になってきます。

　いきなり組織のトップに根回しと言っても、現実的に無理な場合が多いでしょう。であれば、トップに話を入れることができる役員は誰なのか。その役員に話を入れられる部長や課長は誰なのか。人脈の連鎖で、「てこ」の力を効かせ根回しをするのです。これが、意味のある人脈とも言えます。話の大きさやレベルに応じて最終的意思決定者が課長の場合も、部長の場合もあるでしょう。

　大切なことは、「意思決定者やキーパーソン」にたどり着く道筋を押さえられているかどうかです。

　しかし、キーパーソンに対しては根回しが成功したとしても、現場で反対する人が動かないという話は、世の中にいくらでもあります。つまり、実行までを考えれば、上下、横、斜めと複数の方向性で根回しをすることが重要なのです。

　世の中の複雑さは増す一方で、ある仕事に影響を与える力を持つ人の多様性は高まり、関係性も複雑化していきます。グローバル化ということも、この複雑性に拍車をかけることでしょう。このような状況の中で、自らの信頼残高を上げ、人脈を作り、そして、健全なる根回しができる準備をしておくことが求められるのです。

　3つ目は、根回しをしながら、リソースをしっかり確保するということです。リソースとはすなわち、お金や人です。

　「コンセプトには理解を示してくれたのに、実際に動こうとしたら

……」という話をよく聞きます。根回しですべてを確保するわけではないですが、実行をイメージした時には、予算、人員確保は不可欠なことを最初から強く意識すると良いと思います。

　また、逆に、後で身動きが取れなくなるような「迎合・約束」はしないということも大切です。いろいろな話をしている間に、根回しをしている相手から取り込まれるという状況も頻繁に発生します。

　ある取り組みを前に進めたいという想いが強ければ強いほど、視野が狭くなり、後々身動きが取れなくなるようなコミットをとられてしまう場合もありますので、十分に注意しましょう。

SECTION 05

CHAPTER8_involving others

# 早期に小さい成功を作り、積み重ねる

　人を巻き込みながら、社内で何か新しいことを始めようとする時、既存の制度や長年慣れ親しんだやり方を変えようとする時には、「小さい成功（以下、スモール・ウィン）を積み重ねる」という考え方をするとよいでしょう。スモール・ウィンとは、文字通り、全体を大きく動かすような動きや成功ではなく、全体を構成する「小さい部分」における「小さい成功」のことを言います。

　人間は基本的に変化を嫌う生き物なので、一気呵成に大きな変化を実現するというのは、相当によい条件が揃った時以外きわめて難しいのです。会社で、その時に活躍している人々は、現在のシステムやルールの中で業績を上げ、評価されてきた人たちです。その人たちは、「現在」ある一定のポジションや権利などを持っています。新しい何かが導入されるために、もしくは既存の何かが変わるゆえに、現在持っているもの、いわゆる既得権益の一部を失うかもしれないと思ったら、当然抵抗します。

　このような状況を打破するためには、小さい成功を少しずつ積み上げ、人々をその気にさせていく必要があります。このプロセスを通じて人を巻き込むのです。また、スモール・ウィンは抵抗を示す人に加えて、進めようとしている「こと」に中立的な人たちや戸惑っている人、そして賛同者にとっても「この方向で本当に大丈夫なのか」という不安を払拭する効果もあります。人は誰でも成功しそう

な方に寄っていくものです。そのためにも、早いタイミングでの小さい成功を成し遂げなければなりません。

　実際には、自らの置かれた状況、築いてきた人脈などを冷静に見極めて分析しつつ、全体プランの中で「最も成果が出そうな」、小さなことに着手することに集中しましょう。小さいことを改革する、変更するためのエネルギーは、小さくて済むはずです。一度、アーリー・スモール・ウィンを実現すると、実績を積むことで自らは信頼を得られ、実行しているメンバーには自信をつけさせることができます。変化は怖いものではなく、やればできるということを実績ベース・事実ベースで証明していくのです。具体的には、次のような意識で最初に着手すべき部分を探してみるとよいと思います。

・最も悪い状況になっている「場所・箇所・部分」はどこか？
・最も簡単に改善できそうなところはどこか？

　「最も悪い」という状況で手を入れれば、時間をかけなくても少しは改善する可能性が高いはずです。また、スモール・ウィンを明確にするのに、進捗を図るためのマイルストーン（チェックポイント）を細かく刻んで設定するようにしましょう。

　わずかな進歩でもそれを達成することにより、事前に設定されたマイルストーンをクリアするような仕組みを作っておけば、その都度関係者の達成感を醸成、つまり自分たちの存在価値を実感させやすくなります。明確になれば、そのスモール・ウィンをお祝いしてあげることもしやすくなります。

　小さい成功を積み重ねることが、ある閾値を超えた瞬間に大きなムーブメントになるという事例はたくさん存在します。

　ジグソーパズルは一気に完成することはありません。一つ一つのピースを積み重ねていきましょう。

CHAPTER8_involving others

# 自らの本気度を見せ続ける

　人を巻き込むためには、自らが、言葉と態度でその仕事に対する強い思い（コミットメント）を明示的に示す必要があります。

　コミットメントという言葉の本来の意味は、「目標を達成できない場合は、自ら責任を取って辞任するというほどの強い意識を持ってことにあたる」というぐらい、強いものだと著者は考えています。自分自身が他の人を巻き込んでいく立場であれば、まずは「目標」そして、その目標達成に対する自らの強い思い（コミットメント）を周囲に「言葉」で示さなければなりません。

「何度も、何度も大切なことを同じ言葉で語っているが、方向性が一致しない。熱が伝わらない」

　ということをよく聞くことがあります。ここでは、何回話をしたかは、大きな意味を持ちません。関係者に実際にメッセージが伝わったか、浸透したかどうかの唯一の指標は、「関係者が同じ言葉を語り出すかどうか」です。

　本当に伝えたいことならば、伝えなければならないことならば、10回伝えてわからなければ、11回伝えるのです。会議に欠席した人がいるならば、面倒くさがらずに1対1のミーティングを組むのです。人を巻き込めるかどうかは、ある種の我慢比べのようなものです。

グロービス経営大学院の授業では、しっかりと伝えるためには、7W2Hを全部埋めてみましょう、という話をよくします。

- Why　なぜそれをするのか
- What　何をするのか
- Where　どこでやるのか
- Who　誰が責任者なのか
- When　いつまでにやるのか
- With whom　誰と一緒にやるのか
- To whom　誰に最終的に報告をするのか
- How　どうやってやるのか
- How much　いくらコストをかけてやるのか

　このぐらい言葉をブレークダウンしないと、「目標」の本当の意味は通じません。本気度を見せると言うと「熱く語る」と同義に捉えられがちですが、まず最初に「しっかり」伝えることを意識しましょう。
　この「目標」を中心的な役割を任せたいメンバーと一緒に作るというプロセスで巻き込んでいくことを意識するとよいでしょう。
　また、特に人を巻き込みたい場合はコミュニケーションに対する「姿勢」も重要です。『BCG戦略リーダーシップ　経営者になる経営者を育てる』（菅野寛著、ダイヤモンド社）に非常に本質的なことが書かれていましたので、紹介させていただきます。

　最後の2つは著者が加筆をしたものですが、人を巻き込むためのコミュニケーションをする際に、頭のどこかにとどめていただければと思います。

Said ≠ Heard
こっちが言ったからといっても、聞いてもらえたわけではない

Heard ≠ Listened
聞いてもらえたからといっても、聴いてもらえたわけではない

Listened ≠ Understood
聴いてもらえたからといっても、理解してもらえたわけではない

Understood ≠ Agreed
理解してもらえたからといっても、賛成してもらえたわけではない

Agreed ≠ Convinced
賛成してもらえたからといっても、腑に落ちて納得して行動しようと思ってもらえたわけではない

Convinced ≠ Action taken
腑に落ちて納得して行動しようと思っても、実際に行動を起こしたわけではない

Action taken ≠ Achieved
実際に行動を起こしても、結果が出たわけではない

出所：『BCG戦略リーダーシップ　経営者になる経営者を育てる』菅野寛著、ダイヤモンド社より抜粋引用加筆

　上記はまさに、コミュニケーションの本質です。「言ったよね・伝えたよね」という段階から、成果が出るまでは遠い、遠い道のりであることを常に意識しなければなりません。
　次に、「態度・行動」です。いくら強い思いを持っていて、それを言語で表現しようとも、それが実感を伴う形で相手に伝わらなけ

れば、すぐに相手に見透かされてしまいます。

　熱く語るなら、熱く行動しなければなりません。話していることとやっていることが一致していることは、最低限必要ですが、態度で、熱意を示すためには、その仕事に対しては、誰よりも懸命に取り組む姿勢を見せることです。わかりやすく言えば、誰よりも働く、人がやりたがらないことを率先してやる、人のために全力を尽くす、関係者のところにマメに通って顔を見に行くなどのことが含まれます。

　人のために全力を尽くすというのは、特に大切なことだと思います。人を巻き込むということは、あなた自身が、その人を巻き込んで、成しえたい何かがあるということです。つまり、誰かに自分のやりたいことのために尽力してもらうということです。人の力を借りたいなら、その人の貢献を期待する前に、まずは自分がその人のために懸命に働く、尽くすというのは大前提になるでしょう。

　最後の実際に現場に行くというのも、非常に大切です。実際に、動いている現場をしっかり理解し、その現場で働いているメンバーとしっかりとコミュニケーションを取り、空気を感じ、その空気に応じた対応を取らない人の言うことを誰が聞くでしょう。小さい組織だから、現場には近いという認識を持っていても、十分に気をつける必要があります。どんなに小さい組織でも、「見る、聞くという意識が強く」なければ、情報として感じることはできません。

　このように書くと、時間を気にせず猛烈に働くことを推奨しているように思う方もいるかもしれませんが、人を巻き込み、動いてもらうためには、ある程度は必要なことでしょう。特に、あなたが若手メンバーであればなおさらです。

　人間は「他人が一生懸命取り組んでいるかどうか」といったことを感じる力は非常に高いと思います。しっかりやり続ければ、おのずとその姿勢は通じます。時には、プロジェクト開始直後は、時間を度外視して我武者羅にやるといったことも必要です。

CHAPTER8_involving others

# ストーリーを語る

　人を巻き込む際に、もう一つ大切なことがあります。2章でもふれましたが、それはストーリーとして、もしくは物語として伝えるということです。

　昨日参加した会議を思い出してみてください。大切なことであるとわかっていても、数字だけ、事実だけといった説明やプレゼンテーションはまったく頭に残っていないか、残っていてもわずかなはずです。

　人の頭の中に印象を残すためには、やりたいと思う感情を喚起するには、聞いている側が、その情景を想像できるような物語性を持たせることが大切です。

　実例を語り、実際の登場人物を語り、実際に何に困っているのか、次の展開はどうなりそうなのかを語るのです。ストーリーには、語り手の感情や想いを入れこむことも可能なので、結果としてインパクトが大きいのです。

　M・パーキンソンの『人を動かす50の物語』（ディスカヴァー21）によると、よい物語には次の8つの要素が共通して見られると言います。

1. 現状（読み手と主人公を一体化する）
2. きっかけ（何かが起こり現状のままではいられなくなる）

3. 探求の旅（課題に対応する）
4. 驚き（ストレスや驚異の本当の要因とあう）
5. 重大な選択（板ばさみ状態によるジレンマが発生する）
6. クライマックス（決断し、何かを選択する）
7. 方向転換（決断の結果として変化が起こる）
8. 解決（方向転換が成功する）

　著者も、グロービス大学院のオープンキャンパスと呼んでいる説明会で、年間にのべ数十回程度プレゼンテーションをする機会がありますが、グロービスという学校の歴史を、まさにストーリーにして語っている数分間は、この8つの要素の中の5つ程度を盛り込んで話しています。
　そして、毎回、参加してくださる方の集中力がピークになっていることを肌で感じています。みなさんも、ぜひこの8つの要素を意識してみてください。

SECTION 08

CHAPTER8_involving others

# 会議の
# ファシリテーション力を磨く

　会社で何かを進めていく際、公式のコミュニケーションの場は会議となることが多いでしょう。会議で参加者を深く巻き込んでいくために、ファシリテーション力を高めることは非常に重要です。

　ファシリテーターは、会議のアジェンダ設定に始まり、全体の段取り、進行などの役割を担います。

　また、参加メンバー一人ひとりの思考プロセスと感情に関わっていきます。複数メンバーで活動する場合には、当然のことながら、メンバーの考え方やさまざまな思い、ぶつかり合いが存在し、感情も関係性も常に変化しています。だからこそ、それまでにないアイデアが生まれることも多いのです。この場を活用し、参加者を効果的に巻き込んでいく能力を身につけることができれば、大きな武器になります。

　ファシリテーションに必要な能力には、さまざまなものがありますが、グロービスでは次のような能力を設定しています。

**・会議の中心的なアジェンダとそれに関わる論点を明確にする力（会議の設計能力）**

　これは、これまでに議論してきた論理思考力を駆使して、会議で議論すべき論点を押さえ、そこからずれないように注意し続けるという事です。

・会話を促進する力(発言を引き出す力、発言を理解し、周囲に共有する)

　会議の初期の段階では様子窺いなどして、あまり議論が活性化しないといったことも起きるでしょう。そのような場合、発言しやすい雰囲気を作ったり、刺激を与える能力が大切になります。

・議論をまとめる力(発言を受け取り、方向づける、反対意見を出させる、結論に導く)

　実際の議論の段階では、発言を広げたり、深めたり、関係の薄いものは止めたり、まとめたりする力が大切です。結論に導く段階では、その日の会議ではどこまでの結論が出せるか判断し、関連する論点を絞り込み、対立をマネジメントしながら結論を出す力が求められます。当然それぞれの目的に応じて、豊富な質問のワーディングを持っておくことが大切です。

・相手の感情に配慮する力

　最後に重要な事は、会議後に対立構造を残さないように参加者の感情に十分配慮することが大切です。先にも示したように巻き込みたい人のことについて十分理解を深めつつ、議論を進めることが大切です。

　本章では、人を巻き込むということについて考えてきましたが、これをやれば必ず人を巻き込めるようになるといった、秘伝の技があるわけではありません。あくまでも日々の積み重ねにより、信頼の残高を増やし、巻き込まれてくれる人を増やしていくしかないのです。

推薦図書:
『社内を動かす力』グロービス著、田久保善彦執筆、ダイヤモンド社
『グロービス MBA クリティカル・シンキング　コミュニケーション編』
　　グロービス経営大学院著、ダイヤモンド社

CHAPTER **9**

team building

SECTION
**01**
|
**03**

チームを作る力

CHECK LIST

# チームを作る力 チェックリスト

1　チームメンバーに関心を持ち、日々の状況(仕事量、悩み、モチベーションなど)を把握する努力ができていない　CHECK

2　チームの長期目標について上司から指示されたことは理解しているが、自分の言葉で語ることができていない。またメンバーと共有できていない　CHECK

3　チームの達成目標は数値化されているが、そのプロセスについて定量的に計れる形になっていない　CHECK

4　プロジェクトを始める時に、チームで大切にしたい文化やルールをメンバーと共有できていない　CHECK

5　リーダーとして自分なりに頑張っているものの、自分のリーダーシップの特長や課題を客観的に把握できていない　CHECK

6　メンバーに仕事を任せようとする意思はあるが、どのように任せればよいのか具体的に理解できていない　CHECK

7　チームメンバーそれぞれについて、何が仕事のモチベーションの源泉なのかを具体的に把握できていない　CHECK

8　メンバー間の人間関係の問題や行き違いに気がついても、忙しさからつい後回しにするなど、すぐに対応できないことが多い　CHECK

読者のみなさんは「チーム」と聞いて、何を思い浮かべますか。仕事で所属しているチーム、何らかのプロジェクトチーム、もしかするとプライベートで所属している何かのチームかもしれません。ほとんどの方が何らかのチームに、場合によっては複数のチームに属しているのではないでしょうか。

　チームという言葉はあまりにも日常的に使うため、しっかりと考えたことがない方も多いはずです。にもかかわらず、「チームワークが大切」といった言葉をどれほど多く聞いてきたことでしょう。
　一般的な会社に存在する「部」、「課」、「室」、「○○チーム」、「○○対策チーム」、「○○プロジェクトチーム」などはすべて「チーム」ですが、その共通した特徴として、「何らかの共通の目的を持ち、達成すべき目標を共有し、複数のメンバーで個々人の努力の総和以上の価値を生み出すことを目指す集合体」が挙げられます。ここでは、これを「チーム」の定義としたいと思います。

　9章では、チームが生み出す価値の総和を最大化するために、どのようなことを意識するべきなのかについて考えていきます。

SECTION 01　CHAPTER9_team building

# チームとは何かを理解する

　何らかの目的を持ち、一人では到達しえない共通の目標（ゴール）を追うのがチームです。一緒に仕事をやってはいるが、あまり情報共有もなく、それぞれが何をやっているのかもよくわからない、という状況では、チームではなく単なるグループに過ぎません。

　チームを構成する要素にはさまざまなものがありますが、ここでは、①共通の目的、②達成すべき目標、③チーム文化（共通の価値観やルール）、④リーダー、⑤メンバー（フォロワー）の5つについて見ていきます。

## 1　チームには共通の目的がある

　チームの最も重要な要素として、共通の目的を持ち、それをメンバー全員で共有しているということが挙げられます。

　ここでいう共通の目的とはミッションとも呼ばれ、自分たちが何のために存在しているのか、どのような役割を果たし、どのような価値を出すことを求められているのか、といったことを指します。

　具体的には、何らかのサービスを提供している顧客フロントチームでは、単に「顧客にサービスを提供する」ということではなく、「顧客が必ず誰かに話したいと思えるほど感動するサービス提供を目指す」といったものになり、製品開発を担当しているチームであれば「従来の延長線にはないような革命的な製品を生み出す」というよ

うな目的があるでしょう。

　与えられている当たり前のチームの役割ではなく、さらにそれらを自分たちの言葉で再定義し、その意味合い、価値をメンバー全員で共有していることが重要なのです。

　チームメンバーがわくわくする、あるいはそれがとても大切なことだと感じ、誇りに思えるような言葉で、その目的を表現することができれば素晴らしいです。

### ② 達成すべき目標が個々人のメンバーごとに設定されている

　チームの目的が決まっているだけではまだ抽象度が高く、メンバー個々人が勝手にさまざまな解釈をして、重要と認識する点がメンバー間で揃わないということが起こりかねません。

　そうすると、やるべき仕事の優先順位が人によって異なってしまい、それぞれ頑張っているにもかかわらず、メンバー間にフラストレーションが溜まってしまうという状況に陥ってしまいがちです。このようにならないためにも、目的をさらに具体的な目標として、チーム全体、さらに個々人に落とし込む必要があります。

　目標は長期と短期、それぞれに明確にすることが大切です。チーム全体の目標は、チームの目的の達成度合いを、期間を区切って定量的に測定することができるようなものにしましょう。

　レストラン事業の顧客フロントチームの目的が「顧客が必ず誰かに話したいと思えるほど感動するサービス提供を目指す」というものであるならば、長期目標は「〇〇誌の顧客満足度ランキングNo.1を目指す」、そのための短期目標は「顧客アンケートの平均点〇点を目指す」といったものが考えられます。

　さらにこういった目標を個々人のメンバーごとに設定します。この際、リーダーは十分にメンバーと話し合って、それぞれの役割、業務の範囲と責任を明確にし、双方が納得できる目標を設定するこ

とが重要です。メンバーはチームの目的と目標、そしてその中での自らの役割を理解することにより、チームメンバーの一員であるという自覚と貢献意識が芽生えます。

　成果を上げるチームでは、個人目標と同様の重さでチーム目標の達成を、個人目標の一項目に入れている場合が多いです。同時にチーム全員でメンバー個々人の業務範囲と目標を共有し、仕事の見える化を図っています。

　これによりチーム目標の達成に向けて、メンバー間のスムーズな情報共有を促し、相互に助け合う文化を醸成することができます。さらに連帯責任感と、うまくいった時はメンバー全員で達成感を分かち合う文化を育みます。

### ③ チーム文化（共通の価値観やルール）が全体に浸透している

　成果を上げるチームでは、共通の価値観やルールがチーム全体に染み込んでおり、チーム文化とも言えるものが確立しています。そういったチームが持っている文化は「チームメンバー同士がお互いを尊敬し合う」、「相互に助け合う」、「裏表がない」、「情報の流れがスムーズ」、「規律がある」、「問題発生時、メンバー全員が自分ごととして捉える」といったものが多いです。

　共通していることは、「個々人の責任を果たした上で、チーム全員で一体となり、一人では到達しえない目標達成に向けて、力を合わせて頑張る」という意識が明確であるということです。このように大切にすることを共有し、共通の想いを持ち、同じゴールを目指すことがチームの本質なのです。同時に、そういったチームには守るべき具体的ルールが存在していることもあります。それはWAYとも呼ばれ、チームで大切にしたい行動規範とも言えます。例えば、「時間厳守」、「心を込めてコミュニケーションをする」、「率直なフィードバックをする」、「事実ベースで語る」といったものです。

優れたチームに例外なく言えることは、メンバー個々人が自立しているということ、そしてメンバー同士が互いに貢献する意識を持ち、建設的な対立をよしとするルールを持っているということです。一度自らのチームの状態をチェックしてみるとよいでしょう。

### ④ メンバーを巻き込むリーダーがいる

　チーム文化の担い手はリーダーです。リーダーによって、そのチームがチームとして機能するかどうかが決まると言っても過言ではありません。優れたリーダーは、「私」ではなく「私たち」を主語にし、大事にしたい価値観や想いを自らの言葉で語り、同時に語るだけではなく、自らが実践し、その姿をメンバーに示しています。

　リーダーのタイプは実にさまざまで、自らが前面に出て率先垂範で引っ張っていくタイプのリーダーもいれば、メンバーの意見を丁寧に聞きながら、自らの存在感はできるだけ消し、ボトムアップ形式でサポートしていくタイプのリーダーもいます。あなたがリーダーの立場であれば、まずは自分自身について見つめ直し、自分自身をよく知った上で、自分に合ったリーダーシップスタイルを認識し、確立することが大事です。その上で次は、チームのミッションやその時々の状況によって自由自在にリーダーシップスタイルを変えていくという姿を目指していくとよいでしょう。

　これらは口で言うのは簡単ですが、理解をするということと実際にできるようになるというのは別物です。時間をかけ、自分ができることとできないことをまっすぐ認め、日々意識しながら地道に努力していくしかありません。

　リーダーの役割で最も重要なことの一つとして、いかにメンバー、そして関係者を巻き込んで最大のアウトプットを出すか、ということが挙げられます。これについては8章の「周囲を巻き込む力」で詳しく述べていますので、そちらを参照ください。

その他のリーダーに必要な力については、本章の後半で一つずつ見ていきたいと思います。また、リーダーシップに関しては数多くの本が出ていますので、章末の推薦図書でご紹介します。

### ⑤ フォロワーシップを発揮するメンバーがいる

　チームはリーダーとメンバーによって構成されます。チームとして最大限の成果を出すためには、各メンバーが期待された役割と責任を果たすことができることが前提になっています。そして、リーダーはついてきてくれるメンバーがいるからこそ、リーダーとなれるのです。ついてきてくれるメンバーのことをフォロワーと言いますが、みなさんがすでに何らかのチームのリーダーであったとしても、少し立場を変えてみれば、同時に上司や他の何らかのチームのフォロワーであるとも言えるのです。

　よきフォロワーとしてのあり方のことを、リーダーシップに対してフォロワーシップと言いますが、みなさんはこの言葉をどれくらい意識したことがあるでしょうか。

　メンバーによきフォロワーシップを発揮してもらえるかどうかは、リーダー次第ではあります。しかし、同時に自らが意識をするべきこともたくさんあります。また、リーダーの立場であっても、時にはこのフォロワーシップを発揮して、陰からメンバーを見守るというような場面もあるでしょう。

　フォロワーシップというのは、リーダーを適切にサポートし、リーダーと共にチームを作っていく能力のことを言います。ただ単にリーダーに従順についていくという受動的なものではなく、能動的に自らがリーダーシップを取り、リーダーに積極的に働きかけていくことも求められます。優れたチームでは、リーダーのリーダーシップと同時に、メンバーのよきフォロワーシップが発揮され、その相乗効果で個々のメンバーの総和以上の成果を出せるのです。

# チームを作る リーダーとしての能力を 開発する

SECTION 02　CHAPTER9_team building

　ここからはチームを作る立場であるリーダーに照準を合わせ、リーダーが持つべきスキルについて見ていきます。

　本書の各章で取り上げているスキル自体が、リーダーとして具備すべきものであるため、本章ではそれ以外の重要なスキルについて確認していきます。

　人はフォロワーが存在して初めてリーダーになります。つまりチームを作る上でのリーダーの重要な役割は、人間関係をマネジメントしていくことにあるため、ここではメンバー育成力、モチベーションを上げる力、変化に気がつく力、ファシリテーション力、マインド（心のあり方）の5つの点について、順に見ていきたいと思います。

### 1　メンバー育成力

　自分が一プレイヤーとして仕事をしていた時は、成果を出すための自分なりの仕事の方法を確立し、自分でモチベーション管理、そして業務管理をし、ミッションを遂行することに注力すればよかったのですが、メンバーを持つとそうはいきません。自らのミッション達成に加え、メンバーの育成、そしてその成長に責任を持つことになります。

　初めてメンバーを持った人が最も多く抱える悩みは、「自分が思っ

たようにメンバーが動いてくれない」というものです。「こんなことなら自分一人でやった方がましだ」というようなこともあるでしょう。実際にリーダーが仕事を抱え込んでしまい、うまくメンバーに仕事を割り振ることができないというのは、リーダー初心者がよくぶつかる課題です。

　また、任せることにより自らの評価が下がってしまうのではないかという恐怖感を感じてしまうこともリーダー的ポジションに就いた初期段階ではよくあることです。さらにコミュニケーションの課題に直面する人も多いです。2章の「コミュニケーション力」でも触れましたが、「自分は伝えたつもりだが、相手にはまったく伝わっていなかった」ということが往々にして起こります。このようなことに陥らないためには、どのような点を意識すればよいのでしょうか。

　メンバーを育成するためには、メンバーをよく知り、相手のレベルに合わせ、適切な業務と目標を与え、必要なタイミングで適切な助言をしながら、進捗管理をすることが重要です（これをエンパワーメントと呼びます）。

　まずはメンバーの能力、強み、弱み、そしてどのような価値観を持っているのかというように、メンバー自身をよく知ることからスタートしましょう。

　その際メンバーの成長と人生について、自分が責任を持っているという意識で、何が仕事を進める上でのモチベーションとなっているのか、どのような仕事が適しているのか、一人ひとりに対して、丁寧にまっすぐな関心を寄せて向き合います。

　その状況を見ながら、理想は本人が持つ能力でできる仕事ではなく、それにプラスして10〜20%程度のストレッチがあるような仕事を割り振るとよいでしょう。言い換えれば、頑張れば手が届く感覚の絶妙な目標を設定するということです。

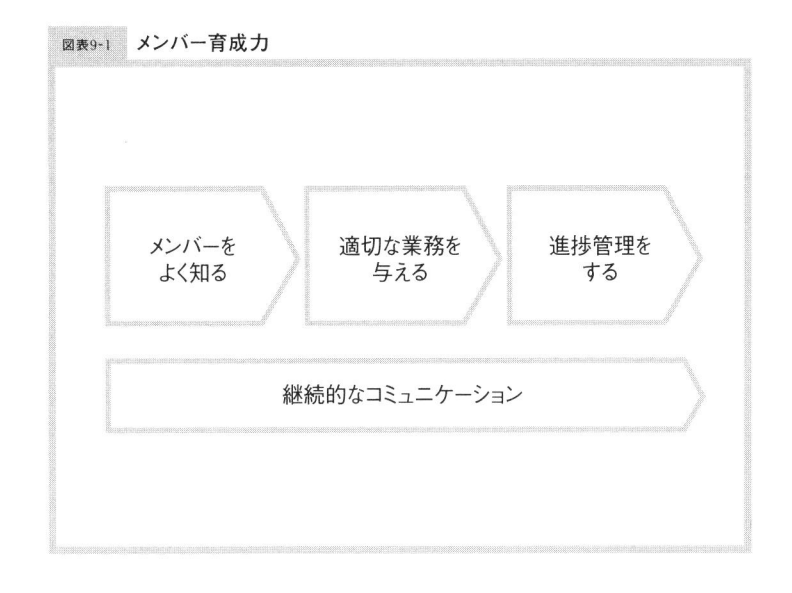

図表9-1　メンバー育成力

```
メンバーを      適切な業務を     進捗管理を
よく知る    →   与える      →   する

       継続的なコミュニケーション
```

　能力をはるかに超えた業務を任せた場合、いくら本人が頑張っても期待していた成果を出せるはずがありません。成果が出ないばかりか、自信をなくしてしまい、さらに他のメンバーにも迷惑をかけることになります。本人の能力に見合った仕事のアサインはリーダーの大きな責任です。

　仕事を割り振った後は、メンバーが自らある程度の範囲で意思決定できていると感じる程度の自由を与えつつ、定期的に進捗管理を行い、必要なタイミングで助言をすることも必要です。

　メンバーが自ら報告してきてくれる場合はよいのですが、中にはあまり報告・連絡・相談、いわゆる「報連相」が得意ではないメンバーもいます。メンバーが報告しないことにイライラする前に、定期的なミーティングを持つといった仕組みや支援体制を作ることを考えましょう。

　また、適切な助言をするには「相手の目線に合わせる力」が重要です。「仕事ができる人は、仕事ができる人を育てられない」と揶

揶されることがありますが、特に担当者として成果を上げてきた人はその傾向にある場合が多いです。理由はシンプルで、自分が普通にできてきたことが、他人にできない理由を理解できないためです。

自分で高い目標を設定し、それに向けて努力をし続けるという成長ドライブを持っている人は、あまりにも自然にそうやって生きてきたため、それができない人のことを「努力が足りない」、「怠慢である」と考えてしまうのです。

また仕事というものに対する取り組み姿勢も、価値観によって異なるはずです。「自分と他人は違う。仕事の能力、価値観は人それぞれに異なる」という意識を持ち、その差の理解を心がけましょう。

同時に過去の自分と比較するのではなく、相手の過去と比較して成長を測るようにするとよいでしょう。

## ② モチベーションを上げる力

人が何らかの行動を起こすためには、行動を後押しする動機や意欲といったもの、つまりモチベーションが必要です。これらが強いか弱いかによって、どこまで本気で行動するか、またそのスピードや最後まであきらめないという粘りの姿勢というような部分に差が出ます。

当たり前ですが、一人ひとりのメンバーがモチベーション高く仕事に取り組んでいるチームは、それぞれがもっとよい仕事をしたいという思いを持ち、ベストを尽くしていくので、結果として事前の期待より一段も二段も高い成果を出すことができる場合が多くなります。だからこそ、メンバーのモチベーションを上げる力は非常に重要です。

しかし、リーダーとして活躍している人は、自らを動機づける、つまりモチベーションを自分で上げる何らかの方法を自然と確立してきている人が多いため、人はどのように動機づけられるのか、と

いうことについてあまりじっくり考えたことがない人も多いかもしれません。

同時に自ら進んで仕事をしないメンバーに直面したら、その原因について深く考えることなく、「気合いが足りない」、「意志が弱い」、「能力が足りない」というように表面的な部分を捉え、いらだちのみを感じてしまうといったことも起こりがちです。

メンバー一人ひとりのモチベーションを上げる、そしてさらにチーム全体のモチベーションを醸成するために、何をどのように考えればよいのかについて、それぞれ見ていきます。

まずはメンバー一人ひとりのモチベーションを上げるということについて考えます。

そもそも人は何を求めて働くのかということについて、マズローの「欲求5段階説」、ハーズバーグの「動機づけ・衛生理論」という有名な理論で考えてみたいと思います。

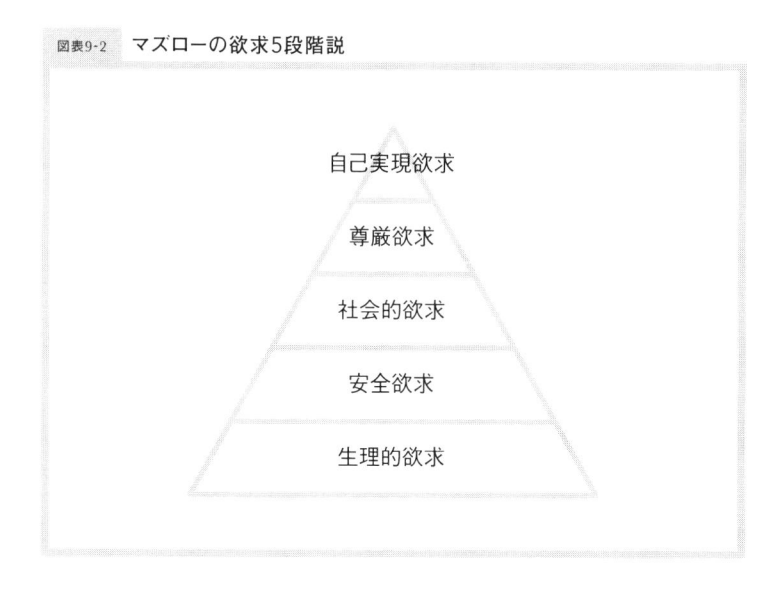

図表9-2　マズローの欲求5段階説

- 自己実現欲求
- 尊厳欲求
- 社会的欲求
- 安全欲求
- 生理的欲求

「欲求5段階説」は、人間の欲求は5段階のピラミッドのようになっており、人は低次元の欲求が満たされれば、より高次の欲求を満たす行動をするようになるというものです。

　5段階の分類は以下の通りです。
生理的欲求：食べる、寝るといった、生きていくための最低限の根源的な欲求
安全欲求：住む場所があり、安全・安心な暮らしを求める欲求
社会的欲求：何らかの集団に所属し、仲間を得たいという欲求
尊厳欲求：他者から尊敬されたい、認められたいという欲求
自己実現欲求：自分の目的を達成したいという自己の存在意義を実現する欲求

　また「動機づけ・衛生理論」では、仕事に対する満足度は満足をもたらす要因（動機づけ要因）と不満足をもたらす要因（衛生要因）があるとしています。次のようなものがそれぞれ挙げられます。

満足をもたらす要因：達成、承認、仕事そのもの、責任、昇進など
不満足をもたらす要因：会社の政策、経営、監督方法、給与、対人関係、作業条件など

　満足をもたらす要因は人間の内部から湧き上がってくるもので、例えばプロジェクトが大きな成果を上げ、周囲からも称賛されると満足感を引き起こすことにつながりますが、それがなかったからと言って不満につながるということはありません。
　一方で、不満足をもたらす要因は外部から付与されるもので、劣悪な労働環境は不満足を引き起こしますが、素晴らしい環境を用意することが必ずしも満足感を引き起こすとは限りません。

もちろんこれらの2つの理論のみですべてが測れるものではありませんが、これらを意識することで、メンバーがどのような状況にあるのか、何がそれぞれのメンバーのモチベーションを広げることに役立つのか、またそのメンバーの欲求を満たす環境や仕事をリーダーとして提示できているのかといったことを考える一つの手がかりにすることができるでしょう。

　また人が動機づけされる重要な要因に承認、責任というものがあります。何らかの意思決定をする時は、できるだけチームメンバーにプロセスをオープンにし、一緒に決めたという感覚を持ってもらうようにすることが非常に大切です。

　次に大切なのはチームとしてのモチベーション、つまり文化の醸成についてです。

　すでに述べましたが、チーム文化の担い手はリーダーであり、チームの雰囲気作りもリーダーの責任です。そのため、何よりも重要なのは、常にポジティブなリーダーの姿勢です。リーダーが必要以上に心配性だったり、何事にもネガティブであれば、それはチーム全体に伝播してしまいます。「明るく楽しく前向きに！」を心がけ、感情の起伏や話しかけにくいオーラを出さないように意識するようにしましょう。

　リーダーも人間ですので、体調が悪い時やつらい時もあるとは思います。そのような時こそ、いかに自分をコントロールし、メンバーに気取られないようにできるかが、優れたリーダーとそうでないリーダーを分けるのです。

　またチームでは、全体で感情が共有されます。嬉しい感情はもちろんのこと、残念な感情、悔しい感情も含めてすべてです。人は感情によって動かされる部分も非常に大きいですから、それらの感情をコントロールしながら、プラスに働くものは増幅し、マイナスに

なるものは軽減するのもリーダーの役割です。

### ③ 変化に気がつく力

　メンバーやチームに何か問題が起ころうとしている時、「何かいつもと空気が違う」、そのような感覚を抱き、異常に気づく力がリーダーには必要です。

　常日頃からメンバーに関心を持ち、向き合っている人は自ら、「○○さんが元気がない」とか、「メンバー間の関係がぎくしゃくしている」など、何らかの異常に気づく可能性が高まります。何か違和感を覚えたら、まずはプライベートも含めたメンバー個人の問題なのか、あるいは複数のメンバー間の人間関係に端を発するものなのか、冷静に見極めましょう。

　次に、リーダーとしてチームを引っ張っていく中で必ず直面するのが、メンバーとの対立やメンバー同士の人間関係といった問題です。こういった場面でこそ、リーダーとしての真価が問われます。人間同士なので時と場合によっては、何かの行き違いが発生することもあるでしょう。またいやなことをメンバーに伝える必要があるケースにも直面するでしょう。

　場面としては大きく2つで、一つはリーダーとメンバー間との関係、もう一つはメンバー同士の人間関係の問題です。

　リーダーとメンバー間との関係においては、行き違いやフィードバックすべき課題に気づいたら、できるだけ早く、1対1でのコミュニケーションの機会を持つことが何より重要です。

　自分自身が特に多くの仕事を抱えている時ほど、先延ばししたい衝動に駆られるかもしれませんが、先延ばしして勝手に課題が解決することはまずありませんので優先的に時間を作りましょう。

　自分ができていないことをフィードバックするのは、後ろめたくてできないものです。そうならないためにもリーダーは、常に自分

に厳しく、メンバーに背中を見せているという覚悟で仕事を進める必要があるのです。

メンバー間のコンフリクトに直面したらまず、何が起こっていて、それらはどのような段階にあるのかを事実ベースで丁寧に確認します。何がきっかけでそれが起こり、どのような構造になっているのかをつかむのです。また、修正可能なものか、究極的には誰かをメンバーから外すというようなことをしない限り解決しない段階にきているのか、などを観察します。

コンフリクトの段階としては、大きく分けて情報交換不足、コミュニケーション不足といった潜在的対立段階、当事者が感情的になる段階、メンバー間で何かを阻害する行動を取るなど何らかの支障が出る段階の3つがあります。

メンバー間のコンフリクトに気づいた時は、できるだけ早いタイミングでコンフリクトを表面化させることが大事です。

虫歯と同じで放っておいて勝手によくなることはまずなく、仕事の非効率化や時と場合によっては大切なメンバーを失うことにもつながりかねません。いくら忙しくても優先順位を上げて取り組むようにしましょう。後手になってしまう人とそうでない人との差は、この意識の差と言ってしまっても過言ではありません。

状況を見極めて、当事者間でまずは話し合ってもらう、自らが同席のもと一緒に話す、役割やポジションを変更するなど、適切な介入をする必要があります。

コンフリクトを表面化させた後、時と場合によってはさらに厳しいコミュニケーションをメンバーとすることになることもあるでしょう。他のメンバーにとってそのメンバーの存在そのものがマイナス以外の何ものでもないというような状況に陥っている場合、リーダーとして何を取るのかの選択をする必要に迫られます。

厳しい意思決定ができるリーダーと逃げてしまうリーダーの差は、

チームとどこまで真剣に向き合ってきたかの差にあると思われます。

### ④ ファシリテーション力

よいチームでは、リーダーとメンバー、そしてメンバー同士が互いのことをよく理解し合っており、円滑なコミュニケーションが取れています。そのためにリーダーには、メンバー同士、チームと他部門といったようにさまざまな場面で間に入り、問題を交通整理したり、メンバーそれぞれに気づきを促したりといったファシリテーション力が要求されます。

会議などのプロセス管理のファシリテーション力については8章「周囲を巻き込む力」でも触れましたが、ここではメンバー間の人間関係におけるファシリテーション力について見ていきます。ここで言うファシリテーション力は、人間同士の関係性を扱う能力とも言い換えることができます。

人と人との関係性は、主にコミュニケーションの方法によって一部コントロールすることができますが、コミュニケーションの円滑な進め方を考えるために、心理学者のジョセフ・ルフトとハリー・インガムが考案した「ジョハリの窓」というモデルがあります。

このモデルでは自己を「自分が知っている／知らない」、「他者が知っている／知らない」という2つの軸から、それぞれ自分も他者も知っている「開放された窓」、自分は知っているが他者は知らない「隠された窓」、自分は気づいていないが他者は知っている「盲点の窓」、自分も他者も知らない「未知の窓」の4つに分類しています。

スムーズなコミュニケーションのためには、自分を積極的に開示し、自分も他者も知っている「開放された窓」の面積を大きくし、同時に他者は知っているが自分が気づいていない自己、つまり「盲点の窓」の面積を小さくすることが重要であるとされています。

図表9-3 ジョハリの窓

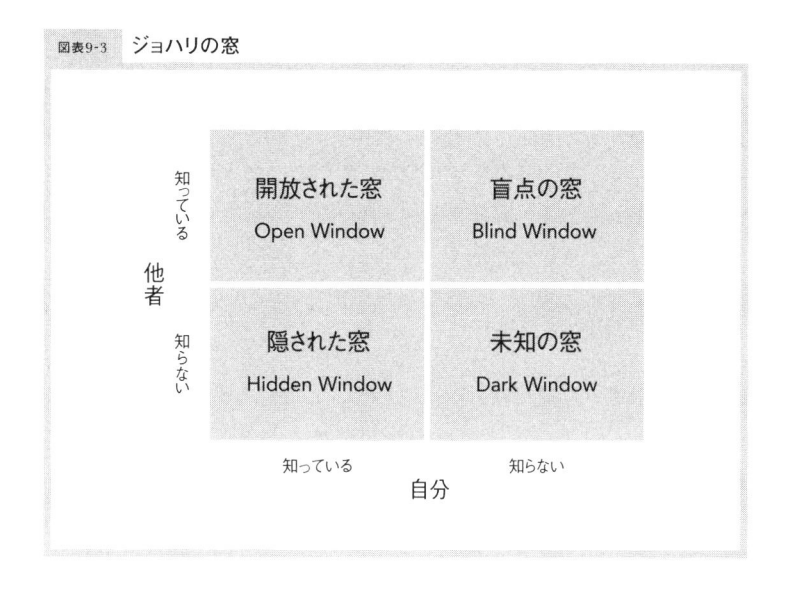

|  | 自分 知っている | 自分 知らない |
|---|---|---|
| 他者 知っている | 開放された窓 Open Window | 盲点の窓 Blind Window |
| 他者 知らない | 隠された窓 Hidden Window | 未知の窓 Dark Window |

　積極的に自分を公開していくことにより、「隠された窓」は相対的に面積が小さくなっていきます。

　そして自らのことをオープンにしていくことにより、他者からはそれに合わせて何らかのフィードバックを得る機会も多くなります。そして自ら気づきを得て、他人は知っているが自分は気づいていないという「盲点の窓」が小さくなるのです。さらにそういった他者とのやり取り（＝コミュニケーション）のプロセスによって、お互いを知ることにつながり、より深い部分で理解ができ、多少の行き違いがあってもベースのところで信頼できるといったよい関係を築くことができるのです。

　リーダーとしてメンバー一人ひとりと向き合う際には、メンバーの課題について直接的かつ一方的にこうするべき、というようなアドバイスの仕方をするのではなく、他人が知っていて本人が気づいていない「盲点の窓」に本人が自ら気づくことができるようなフィードバックの仕方や質問の投げかけを通したコミュニケーションを意

識するとよいでしょう。

その際にはできるだけ具体的にファクトベースで客観性を担保することが重要です。またメンバー同士で何らかのすれ違いや揉め事に遭遇することも多いかと思います。多くの場合、コミュニケーションのズレは情報の非対称性に起因するところが多いです。

例えばこの「ジョハリの窓」を情報共有の状況にあてはめて考えてみると、自分は知っているが他人は知らないという「秘密の窓」が存在してしまっているという可能性が考えられます。

メンバー間の人間関係を扱う場合は、こういったモデルを頭の中に置き、まずは冷静にその構造を把握することに努めるとよいでしょう。

## ⑤ マインド（心のあり方）

最後にリーダーに必要なマインド（心のあり方）について考えます。「この人についていきたい」、「この人と一緒に仕事がしたい」、さらに「この人のために仕事がしたい」という想いをメンバーに抱かせるリーダーは必ず人間的な魅力を備えています。

この人間的な魅力（人間力）というのはなかなか定義しにくいですが、共通しているキーワードとして、情熱、受容力、覚悟の3つが挙げられます。

情熱というのはメンバー一人ひとりへの想いはもちろんのこと、事業への情熱や顧客に対する情熱です。その情熱は、私心のない気持ちや誠実さといったものにもつながり、純粋な情熱が人を感動させ、動かすのだと思います。情熱の中心にあるものは志と呼べるかもしれません。これについては10章で詳しく述べます。

情熱が前面に出るタイプの人もいれば、常に心の奥底にあり、それが何かの拍子に、時々垣間見えるというようなタイプの人までさまざまですが、どのような形であれ、リーダーに不可欠なものです。

受容力の源泉は、メンバーに対する愛情です。一人ひとりのメンバーを大切に思い、それぞれの可能性を心から信じ、理解しようとする、そして信頼するというリーダーの姿勢とも言えます。人と人は信頼によってその関係を深めていきますが、関係を作るスタートはどちらかの人間が相手を理解しようとするところから始まり、その過程において徐々に信頼が生まれていきます。

「リーダーは自分のことをわかってくれている」という安心感をメンバーが持つことが信頼関係構築の重要なポイントですから、まずはリーダーがメンバーを理解しよう、信じようとすることが大切です。ただ、理解しようと言うのは簡単ですが、実際に自然に実践することは非常に難しいです。その際に意識するとよいのは図表9-4です。

　常に目に見えている部分は人の行動の部分ですが、その行動に至ったプロセスは人によってさまざまであるということを強く認識するのです。

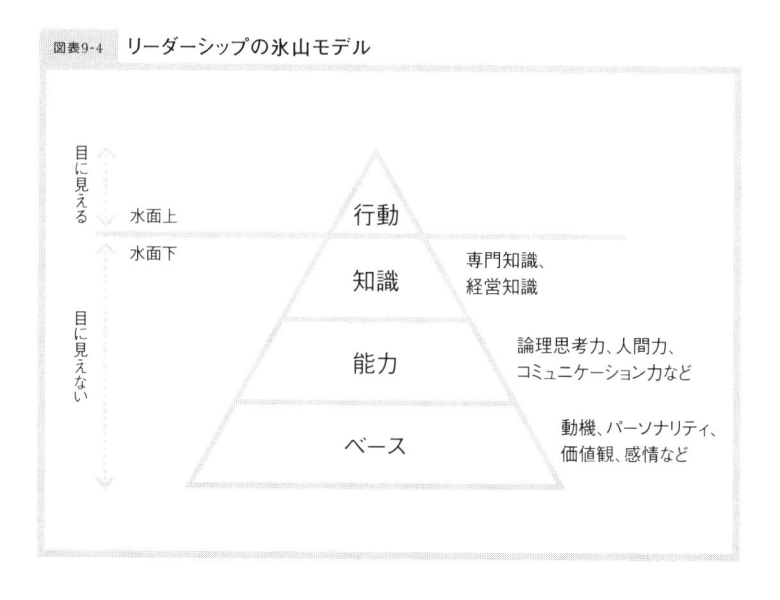

図表9-4　リーダーシップの氷山モデル

目に見える／水面上：行動
水面下／目に見えない：
- 知識（専門知識、経営知識）
- 能力（論理思考力、人間力、コミュニケーション力など）
- ベース（動機、パーソナリティ、価値観、感情など）

先に見てきたように、人によって価値観は異なりますし、性格やさらに仕事への動機もさまざまです。また、積み重ねてきている経験や持っている知識、スキルも違います。それらの土台の部分から理解しようとしないと、なぜそのような行動になるのかを本当には理解できません。

　こういった物事の見方は、徐々にクセをつけていくしかありません。自分に理解できない行動をメンバーがした場合、頭ごなしにいきなり否定するのではなく、そもそもなぜそのような行動を取ったのかという水面下の部分に注意を向けてみることを意識するとよいでしょう。

　そして、最後は覚悟です。これこそ言うは易し、行うは難しの代表例ですが、自らのリーダーとしての自覚と責任をどこまで強く持つことができるのかによって決まります。メンバーは、このリーダーの覚悟を特に問題発生時に感じることになります。

　覚悟というのは、日頃からどれだけ真剣に仕事と向き合っているのか、ということの積み重ねによって差が出るのだと思います。普段からベストを尽くしてきていれば、これ以上はできなかった、ベストを尽くしてきたという自負が生まれ、それが非常時にリーダーの精神的な支えとなり、それが周囲にも伝わるのでしょう。

　日頃から、すべてにベストを尽くす、結局はこれに尽きるのです。

SECTION 03

CHAPTER9_team building

# コミュニケーションの工夫をする

　今まで見てきたようにチームがチームとして機能するためには、さまざまな要素が絡んでいます。

　日常の仕事で相互の信頼感を高め合っていくことが何よりも重要ですが、ある程度仕組みとして作ることができる部分もありますので、いくつかの方法を紹介します。

### 1 コミュニケーション手段の工夫

　日常的に用いるコミュニケーション手段としては、直接会って話す、電話やテレビ会議で話す、メールやSNS（ソーシャルネットワークサービス）を利用する、などの方法があります。

　当たり前ですが、やはり直接、顔と顔を合わせ、相手の空気感や反応を見ることができる状態でコミュニケーションを取ることができるのが理想です。しかし、最近では拠点を越えてチームを作ることも珍しくなくなり、物理的に会えないということも多いでしょう。

　基本的にはメールでのやり取りで十分なことでも、距離感を縮める、親近感を抱くという目的のみで、たまには電話で直接声を聞く、テレビ会議で顔を見るといった機会を意図的に作ることが重要です。またメールの場合は、例えば笑顔の顔写真をメールのアイコンにするというだけでもずいぶんと印象が変わります。

　最近ではSNSもさまざまなものがあります。文章のみではだい

ぶ厳しい内容に受け止められるようなメッセージを伝える時、顔文字や絵などが添えられていると、伝えるべきメッセージは伝えつつ、感情的な側面において何らかの緩衝材になるかもしれません。

### ② チームビルディング

チームが立ち上がる初期や立て直す時、あるいは新しいメンバーが入った時などには、何らかのチームビルディングの活動を行うのもよいでしょう。

その時のチームの状態にもよりますが、オフィスを離れ、場所を変えて終日チームのWAYや方針について話し合うといった機会や、あるいは互いをよく知るという目的のみで、何らかのアクティビティをみんなで行うというのも1つのアイデアです。

以上、チームを作る力についてみてきましたが、チームの成果、そしてチームで起こるすべてのことの責任はリーダーにあります。その自覚を持ち、自らの可能性、そしてメンバーの可能性を心から信じ、一人ひとりに真正面から誠実に向き合うことこそが重要です。

信頼を積み重ねていくのはかなり時間がかかりますが、一方で信頼は一瞬で失うことも肝に銘じ、一歩一歩着実に歩んでいきましょう。

推薦図書：
『リーダーシップ・チャレンジ』ジェームズ・M・クーゼス／バリー・Z・ポズナー著、伊東奈美子訳、金井壽宏監訳、海と月社
『リーダーになる』ウォレン・ベニス著、伊東奈美子訳、海と月社
『サーバントリーダーシップ』ロバート・K・グリーンリーフ著、金井真弓訳、金井壽宏監訳、英治出版

CHAPTER 10

KOKOROZASHI

SECTION 01 — 04

志を育てる力

本書の最後に、「キャリア＝自分の人生」を考える際の基軸になる「志」について考えていきたいと思います。グロービス経営大学院では、「志の醸成」を最も大切な教育理念として掲げています。なぜなら、日々懸命に努力をして、獲得し、磨いたさまざまなビジネススキルを何に活かしていくのか、という方向性を見出さない限り、宝の持ち腐れになってしまう可能性が高いからです。

　読者のみなさんは、「志」という言葉を耳にした時、どのようなイメージを頭の中に思い描くでしょうか。何か壮大な夢、世のため人のためという社会性を持ったもの……。個人名で言うと、坂本龍馬、松下幸之助、マハトマ・ガンジー、ネルソン・マンデラといった偉人を思い浮かべる方も多いかもしれません。そして、志を胸に抱いて生きていく姿に共感し、そうしたいと思っても、自分には志と呼べるようなものはない、私はまだ志を見つけ出すことができていないと、逆に落ち込んでしまう人も少なくないのではないでしょうか。
　また、「志が大事」、「志を持とう」という趣旨のことを発言される方々は、例えて言うなら、「志有段者」であり、その域に達していない方からすれば、どうやって志を醸成していくのかといった話がないままに重要性だけを説かれても困ってしまうものです。
　著者は、そのような状況になっている、もしくはなりそうな多くの方に、ヒントを提供するために、数十名の方に対するインタビューを行い、志が醸成されていく過程を明らかにして、『志を育てる』（東洋経済新報社）を上梓しました。
　本章では、この「志を育てる」の内容を参考にしながら、議論をしていきます。これまでの章の話とは、多少趣が違いますが、すべてのビジネスパーソンにとってきわめて重要な話なので、最後までぜひお付き合いください。

SECTION 01

CHAPTER10_KOKOROZASHI

# 「志」とは何かを理解する

「志」という言葉の定義から話を始めましょう。「志」は、その概念自体が、言葉にしにくいことに加え、それを聞いた時にイメージすることが人によって異なるため、多様な意味づけがなされます。したがって、共通の土俵で議論を進めるためには、多くの人に理解してもらえる、わかりやすい定義をすることが非常に大切です。

ここでは、「志」を次のように定義しました。

**「一定の期間、人生をかけてコミットできるようなこと（目標）」**

これでもまだ抽象度が高いのでポイントになる言葉を解説します。

- **一定の期間**：1日、1カ月くらいをかけてやろうとしているものでは、「志」と言うにはあまりにも小さく、単なる行動目標となってしまいます。期間のイメージとして2〜5年程度を設定しました（ただし、時には短期決戦になることもあるため、期間の絶対的な長さに強くこだわるものではありません）。
- **人生をかけてコミット**：その人が、何かに取り組む際に活用可能な、「時間」や「意識」の多くの割合を自らの意志に基づいて、自主的に割いて取り組んでいることを意味します。

この定義は一見すると、多くの読者が想定する「志」のイメージとは遠いものかもしれません。一般的に、「志」は「高尚なもの」「他人や社会のために動くこと」と思われているからです。

このようなイメージと、本書の定義の関係性は、「志」を
- 一定期間、人生をかけてコミットする目標を「小志」
- 一生涯を通じて達成しようとするものを「大志」

と分けると、理解しやすくなると思います。そして、大志の実現は、あくまで無数の小志の実現集合によってなされると考えれば、志には大きく2つの定義の仕方があるということにご納得いただけるのではないでしょうか。この時、小志が積み重なって徐々に大きくなり、連続的に大志となることもあれば、小志が積み重なる過程で、初期の志とは異なる方向性になっていくこともあります。

　一般的な「志」という言葉が意味することに重なる「大志」に対する自覚が、「いつ」生まれるかに関しては、次の2通りのパターンがあります。

- 小志を積み重ねていく中で、徐々に自分自身の大志に気づく
- はじめに「大志」ありきだが、小志を積み重ねていくことで、その大志の具現化が進む

　どちらであっても、「小志の積み重ねの中で大志を形作っていく」というプロセスに違いはありません。

　実際には、非常に多くの人が、目の前にある仕事に一心不乱に取り組むことにより、次のチャンスをつかみ、活動を継続し、ある一定の年齢や状況になった段階で、自らの志が見えてきたという趣旨の発言をしています。決して最初から高尚な、人生のテーマとも言えるような志を抱いているわけではなかったのです。

　いずれにしても、確実に言えることは、まずは事を始めなければ、つまり、小志に向かって動き始めなければ、志の旅路は永遠に始まらないということです。実践・実行を伴わない小志の素は、いつまでもその場にとどまり続けることになってしまいます。

SECTION 02

CHAPTER10_KOKOROZASHI

# 志の重要性を理解する

　次に、ではなぜ志を抱いて生きることが大切なのかということを考えてみましょう。

　この国において、経済発展が著しかった時代は、自らの生き方や、自分の人生をかけてコミットするようなことを、自ら意図的に探しに行かなくとも、次々に会社や上司がテーマを与えてくれ、ただひたすらにそれに取り組み、目標を達成していくことができるケースが多かったと思います。

　経済全体のパイが広がる時代においては、自然な成り行きの中で、企業の中でのポジションが増え、昇進昇格を果たし、職責が広がり、部下の数も増えるプロセスの中で、精神的な充足感も得やすかったのです。

　現在の日本では、社会の成熟化が進み、少子高齢化、経済のゼロ成長、産業の空洞化といった厳しい状況に入っており、自ら何かをつかみに行かなければ、誰も何も与えてくれない状況になっています。だからこそ、自ら積極的に「自分は何を付加価値として世の中に還元するのか」、「何のために働くのか」、「自分の今の時間をコミットしてやるべきことは何か」といった、自分起点の志を見つけることが重要になってくるのです。

　しかし、一般的に、受験勉強の影響を強く受けた世代の日本人は、人から与えられた問題に正しい答えを出すことには慣れていますが、

自らの意志として、何を成しえたいか（コミットする）といったことにしっかりと向き合い、考えることは得意ではないかもしれません。その結果、志を持たないまま、少なくとも意識をしないまま、淡々と時間が流れ行くといった状況になりがちなのです。

　もちろん志を意識しなくても生きていくことはできますが、初期段階の小さい志は何なのかを真剣に自らに問いかけてみることを繰り返し、高い次元で成果を上げていくことで、志を成長させながらより意義深い人生を送ることができるのです。

SECTION 03

## 志の醸成パターンを理解する

具体的に志はどのように成長していくのかを見ていきましょう。

志のサイクルは、図表10-1に示したような「達成への取り組み」、「取り組みの終焉」、「客観視」、「自問自答」、「新たな目標設定」の5つの要素からなるサイクルとして回りながら、らせん状に成長していきます。具体的な意味合いを見ていきましょう。

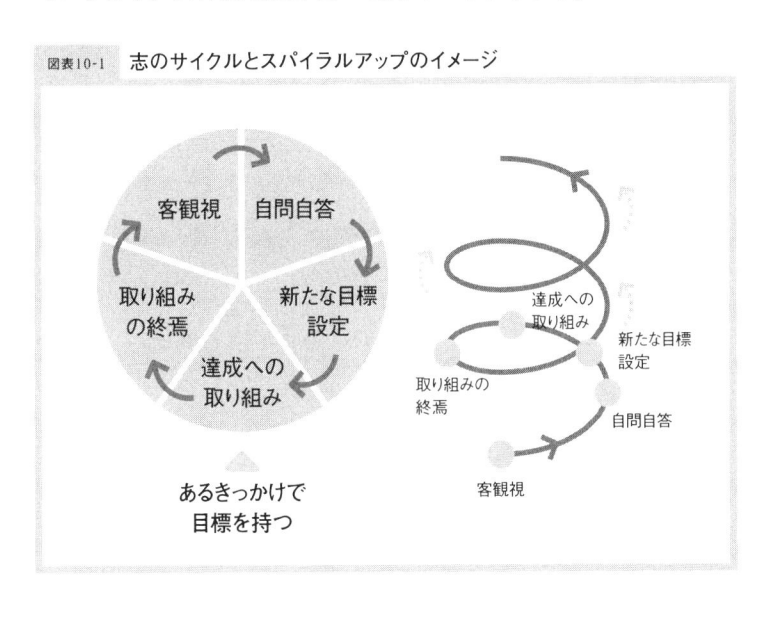

**図表10-1　志のサイクルとスパイラルアップのイメージ**

### 0 あるきっかけで人生最初の目標を持つ

　まず、人生の最初の目標設定をすることを「あるきっかけで目標を持つ」とし、志サイクルのゼロ段階として位置づけました。

　幼少時代を考えてみると、子どもが自ら何らかの目的や目標を考え、行動をしたり、自問自答をしてから目標を立てたりするのではなく、一般的には親が与えることが多いと思います。もちろん、プロ野球選手を目指して野球を始める少年、医者になることを目指して勉強をする子供もいます。しかし、子供が素朴に「夢を追う」ことと、自らの考えに基づいて時間やその他の資源の使い方などを含め意思決定した上で設定した「志＝一定期間、人生をかけてコミットする目標」とは区別したいと思います。このフェーズの例として、

- 親の勧めで通い始めたピアノ教室や水泳教室で、目標を設定しながら頑張った
- 親の意思で始めた小学校受験や中学校受験のための塾通いし、勉強にまい進した

などを挙げることができます。このような取り組みは、時間の経過とともに2つの流れとなります。

　一つは、小さいころから習っていたピアノを長期間継続し、その活動が自らのコミットメントに変わり、音楽家を目指すようなケース。もう一つは受験などのように決まったタイミングで、その目標（受験に成功する。合格を勝ち取る）が消失し、強制終了になるか、自らがその活動から離れる場合（ピアノがいやになり教室をやめるなど）です。

　現実的には、どこかのタイミングで、ある意味与えられた目標を追いかける行為が終わることが多いです。つまり、サイクル上の「取

り組みの終焉」というフェーズを迎えることになります。

　また、年齢が若い時には、5つフェーズを経て次の段階に行くと言うよりも、次の目標も親が決めたり、中学進学後、高校受験という目標が自動的に設定されたりするなど、自らの意思でコミットするということにならない場合も多く、実は大学卒業まで明確な自分の意志でコミットする目標を持たずに時間を過ごしてしまう人も少なくありません。

　このような一連の流れの中で、まさに、自らの意志で「一定期間、人生をかけてコミットできるような目標」を設定できた瞬間を「初めて志が生まれた瞬間」と位置づけるのが妥当でしょう。

### 1　達成への取り組み

　サイクルですから、どのフェーズから見ていくことも可能ですが、イメージしやすいように、現在「何かの志の達成に向けて取り組んでいる」から始めます。

　これは、自らが設定した「志」の実現に向かってまい進している状態を意味しています。

　「甲子園出場を目指し高校野球に取り組んでいた」、「志望校合格を目指し受験勉強を頑張っていた」、「営業No.1になるために寝食を忘れて仕事をしている」など、読者のみなさんもさまざまな少志の実現のために、取り組んでいた、または現在取り組んでいるでしょう。

　この「一定の期間、人生をかけてコミットしている間」においては、志は、3つの大きな効用を持っています。

　1つ目は、困難な状況を乗り切る、やり続ける、学び続ける精神的な支えとしての役割、2つ目はリーダーシップを発揮し周囲を巻き込むための旗としての役割、3つ目は自分の取り組みがずれていないかを測り続ける心のアンカーとしての役割です。まさに志があるからこそ、自分の心を燃やし続けることができるのです。

この取り組みのフェーズにおいて非常に大切なことは、特に3つ目の効用を意識しつつ、時々原点に返り、高いエネルギーを維持することに努めるということです。どのような場合においても、エネルギーを長期間維持することには困難が伴います。いつしか手段が目的化したり、慣れや流れに任せた仕事をするようになった経験は誰にでもあるでしょう。

イメージとしては、常に120％のエネルギーで取り組めているかを自分に問いかけるのです。そうでない時間が長くなると、何となく取り組んでいる仕事や時間が継続してしまい、きわめて長期間、ある種の停滞状態の中で、取り組みが単に継続するだけの状況になってしまい、ふと気がつくと年齢だけを重ねていたというような可能性が高まります。

### ② 取り組みの終焉

少志への取り組みには、必ず終焉が訪れます（終焉が訪れないものがあれば、それは大志なのでしょう）。

取り組んできたことが終焉するということは、すなわちモチベーションが限界を迎えた、またはそのモチベーションに向かって活動を継続することが事実上、不可能になったというということを意味します。具体的には、大きく3つのパターンに分類することができます。

● **自身（あるいは組織）のパフォーマンスが向上（成長）している実感が鈍化、または完全にやりきった感覚になる**

「一定期間、人生をかけてコミットできるようなこと（目標）」として取り組んできたことを通じて得られる高揚感が低下し、自分自身のモチベーションに限界が生じるパターンです。これは、ある目標に向かって一生懸命取り組んでいる中で、成長実感がなくなった

り、効力感がなくなったり、やりきった感が醸成されるため、志実現のためのモチベーションが消えていくのです。取り組みのフェーズの後半から徐々にモチベーションが低下するといった状況になる場合もあります。

　ここで大切なことは、先にも書きましたが、達成への取り組みフェーズで120％のエネルギーレベルで実行することです。中途半端な取り組み姿勢では、このような心境になることは少なく、結果的に居心地のよい現在の取り組みに埋もれてしまうのです。ある意味、このパターンにおいては、小さくなった心の炎にふっと息を吹きかけ、火を消しきる勇気が必要なのです。

● **その活動自体が本人の意向の如何によらず終了する**

　本人の意向とは無関係に、取り組んでいる対象が終焉する場合がこれにあたります。例えば、勤務している企業の倒産、部署の廃止、企業再生が完了し、別の人の手に渡るなどです。このパターンの場合、本人のモチベーションが限界を迎えていない場合もありえますが、継続不能という現実を目の当たりにして、徐々にでもそれは低下していき、あるタイミングで終焉を迎えるケースが多いです。

● **別の目標（志）が登場する**

　現在の志に向かって活動を継続する中で、さまざまな人と出会い、能力開発がなされ、視野が広がり、結果として自らの可能性が大きくなった時に、別の志が生まれてくるという状況です。まったく関係のない志が生まれるケース、既存の志の延長線上に、より利他性・社会性の高い志が生まれるケースがあります。

### ３　客観視

　一定の取り組みを行う経験を重ねていき、「取り組みの終焉」を

迎えた時には、「客観視」をすることが重要です。

　この客観視というフェーズは、目の前の風景しか見えておらず、自分のやっていることしか目に入らない状況、または誰かに設定された目標に盲目的にしたがうという状況から、自分自身が置かれた位置を理解する、見渡すことができる「地図」を手に入れて自分がどこに位置しているのか、自分が今までやってきたことにはどんな意味があるのかといったことを理解できる状態になることを示しています。では、人はどんな時に、自分自身のことを客観視できるようになるのでしょうか。

　一定の距離感を持って、客観的に自らを見つめ直すのは、自らの取り組みや置かれた状況と何かを比較せざるをえない状況に置かれた時が多いです。

　具体的には転勤や留学、社内の異動、大学院への入学や卒業、部門横断のプロジェクトに関与する、自らの勤務する企業の倒産などです。海外に行けば、その国と日本を比べることになる可能性が高いと言えます。日本とは何か。日本文化とは何か。日本人とは何かなどを考えざるをえないのです。転職をすれば昔の会社と今の会社を比べることになるでしょう。自分の実力はどれほどのものなのか。自分の強みは何で、弱みは何かと考えることになります。

　これが、自らの現状を相対化して見るということのイメージです。このような思考をすることで、自らが置かれた組織や社会の中での位置、他者との関係性、文化・価値体系の特性、自らの強みや弱みなどの軸によって全体像、すなわち「地図」が描かれ、自分が取り組んでいた目標の位置づけが見えてくるのです。

　一方で、客観視をしたとしても、それほど危機的な状況にはない、自分の努力が足りないだけだと思い込んで、それ以上思考を深めなかったりすることも多いです。逆に言えば、どんな小さいことでも、今まで気にならなかったことが気になった時、心にさざ波が起こっ

た時は、自分自身の心の中に何らかの変化が起きて、次のフェーズに行くことができる準備が整いつつある段階であるとも言えます。小さい気づきを大切にできるかどうかは非常に重要なポイントなのです。

> **客観視を進める際のポイント**
> ・自分の上げている仕事の成果の意味合い、自分の所属する会社の状況などを、他者や世の中と比較する
> ・他者との比較を通じて、自分自身の立ち位置、実力などを理解し、位置づける
> ・自社、自業界の論理から一旦抜け出し、自分の属する組織の取り組みを、他業界や一般的なビジネスの仕組みと比較してみる
> ・比較の際には、小さいことの中にもヒントがあることを忘れないようにする
> ・今まで気にならなかったことが気になった時、心にさざ波が立ったのを感じた時は、そのこととしっかり向き合ってみる
> ・比較を可能とするために、「社外の人とネットワーク構築する」、「社内異動の機会や社内のプロジェクトの機会などを有効に活用する」、「社内外の情報を貪欲に取りに行く」などの努力を怠らないようにする

### 4 自問自答

客観視の段階を経ると、それまでの自身がコミットしていた取り組みや組織における自身の位置づけをより深く、細かく理解する段階に移行します。

今までにやってきた特定の取り組みだけでなく、自身の中にあるさまざまな欲求や願望、特性を棚卸しし、本当に今自分がやるべきことは何か、やりたいことは何かを模索する期間となります。この段階では、短期間集中して自問自答をする人もいれば、比較的長い時間をかけて、自問自答を繰り返す人もいます。一人で山にこもり数日間を過ごす、定期的に座禅を組む、寝る前に定期的に瞑想の時間を取る、定期的にブログや日記を書き自省するなど、意図を持って自問自答の活動をしている読者もいるでしょう。

　このフェーズで非常に大切なことは、自問自答の段階で考える、または次の新しい目標を設定することから逃げないということです。

　この本の想定読者である20～30代の現役世代は日々忙しく仕事をしているため、考える必要性は感じつつも、考えることから逃げてしまいがちです（時には、忙しすぎて考える時間すら取れないこともあるかもしれません）。加えて、人間には自分がよい状況であると認識したい自己高揚意欲があるため、なかなか現実を受け入れず、考えを止めてしまうということもあります。

　いずれにしても、志の醸成は5つのステップからなるサイクルが、徐々に積み上がっていくプロセスであるため、自問自答から逃げた瞬間にプロセスが終わってしまうのです。このことを頭に入れ、自問自答から逃げない自分を作り上げていただきたいと思います。

　もう一つ、注意していただきたいのは、客観視をせずに、いきなり「自分が本当にしたいことは何なのか？」とだけ問いかけたとしても、その解は見つかりにくいということです。この一点で思考がぐるぐると空転してしまうのです。客観視の段階で、思考を深め、自らに問いかけ苦しみながら、一定量の情報を頭の中に蓄積していることが重要です（実際には客観視と自問自答のフェーズは行ったり、来たりしながら思考を深めていくことになります）。

> **自問自答を進める際のポイント**
> ・自問自答はあくまでも、客観視の後に、または客観視との行き来のプロセスの中で行うことが大切であることを忘れないようにする
> ・「自分は何がしたいのか」といった問いかけだけをし続けないようにする
> ・自分自身の強み、弱みを他社との比較などを通じて問う
> ・自問自答をする時間、空間を確保する。日常の流れを一旦断ち切ってみる
> ・自問自答をした内容を文字にし、後で振り返ることができるようにする
> ・自分の思いを誰かに話してみる
> ・自問自答のプロセスは多くの人にとって苦しい時間であり、そこから逃げないようにする

### 5 新たな目標設定

　自問自答のフェーズは、新しく取り組むことを考えるというフェーズに徐々に変化を遂げることになります。新たな目標を見出す過程は、「自ら創出する場合」と「他者がその目標を与えてくれる場合」に大別することができます。

　志を醸成すると言うと、すべてを自らの意思で決めるというイメージがありますが、実際には会社もしくは他人が用意したきっかけの中に新しい目標を見出す場合もあります（もちろん、最終的にコミットするか否かは自分の意志の問題です）。ただし、この場合も十分な客観視と自問自答がなされ、ある意味での準備が整っている場合に、次の志につながっていくことが多くなっています。

自ら創出する場合の典型例は「自発的な転職・社内異動の自発的な獲得」、または「起業・独立」です。この際、重要なことは、考えたことを実践に向けて動き出せる準備を整えておくことです。準備をし、能力を高めておくことによる自らの可能性への信頼を背景に、新しい目標に一歩踏み出せるのです。

　他者から与えられる場合の典型例は、社内の異動や社外の人からの誘いです。意外に感じられる方もいらっしゃるかもしれませんが、きっかけが自分の外から与えられ、自問自答の結果、それを小志に据えて生きていく人は少なくないのです。

　このパターンで志を醸成されている人に共通する特徴は、外から声がかかるような特徴のある能力を努力して保有している、社内外のネットワークを大切にし、大きく育てていることです。

> **新たな目標設定のポイント**
> ・自問自答のフェーズの中で十分に考え、準備状態を高めておくことが重要。準備状態を高めることで、他人から与えられる機会に敏感になる。準備を怠るとチャンスは見えないという状況を回避しておく
> ・さまざまな人的なネットワークを構築しておく
> ・他者（他社）が必要とするような、明確な強み（コンピタンス）が確立しておく
> ・社内外の情報に敏感になり、チャンスを積極的に取りに行く。そのための能力開発を怠らない
> ・悩んだら行動する

SECTION 04

CHAPTER10_KOKOROZASHI

# 志の成長の方向性を認識する

　志の醸成サイクルについて見てきましたが、では、それぞれの「小志」の積み重なりには、何か方向性のようなものがあるのでしょうか。最後にそれについて見ていきましょう。

　志は次の2つの方向性を持ちながら成長していくことが多いと言えます。

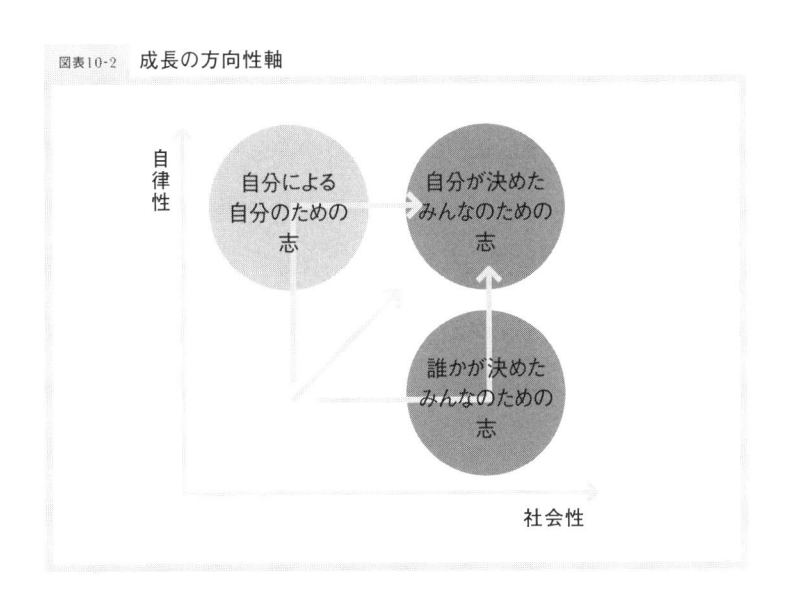

図表10-2　成長の方向性軸

（縦軸：自律性／横軸：社会性）

- 自分による自分のための志
- 自分が決めたみんなのための志
- 誰かが決めたみんなのための志

● 志は自律性を高めながら成長する。
● 志は社会性を高めながら成長する。

### 1　自律性の軸

「自律」とは、その字の通り、「自分で自分を律する＝自分で自分の進むべき方向を決めるということ」です。

　この軸上での成長は、自分で決めることができる範囲が広がっていくことを意味します。

　社会人となったタイミングで起業し、自分ですべての責任を負うような事例もありますが、多くの場合、組織や信頼できる誰かしらの判断に身を委ねながらスタートを切ります。つまり、誰かの決めた規範にしたがって、動き始めているのです。

　実際、未知の環境の中では、自分の行動を一人で決定しながら進むことは非常に困難です。先輩社員などロールモデルとなる人を見つけ、その人のやることを参考にしながら行動をしたり、あるいは、組織の持つ「空気」に合わせて行動することになるでしょう。

　上司や会社の決めた規範にしたがって、社会人としての活動を行いながら、能力開発を行い、一定のポジションに就くことができると、ある程度の自由度を持ってやりたいことの実現のために規範を選んだり、自分でその規範を設定できるようになります。特に大企業の場合、この段階になるまでに長い時間がかかり、自分が「やりたいこと」を見失ってしまうといったことが残念ながら散見されることも事実であり、このような状況にならないように、常に自らに問いかけをすることが大切です。そして最後は、明確なポジションの力と自らのやりたいことを起点に、組織全体の規範やルールを設定して、人を、組織を導いていくようになるのです。

## ② 社会性の軸

次に「社会性」について見ていきます。「社会性」とは、自分を起点に、自らが責任を持とうとする範囲を広げていこうとする心の動きを意味します。社会性が増す、社会性が高まると言うのは、利己的な自分（自分中心で考えている）から利他的（他人のことを考える比重が高まるもしくは、他人中心で考える）な自分への変化を意味しています。社会性の広がりは、4つの段階に分けて議論することができます。

**自分自身のため**

学生生活を終え、企業に就職をする。あるいは、それに準じた期間を持つ（インターンなど）その段階では、誰かのためというよりも、その会社に慣れたり、仕事のやり方を覚えるなど、自分自身の能力向上にエネルギーを注ぐ人がほとんどでしょう。

もちろん、社会貢献をしたいというような大きな目的を持って仕事をする人もいますが、多くの場合、社会人になるというところからのスタートです。

**自分の身近な周辺のため**

一定の能力開発が済み、いわゆる一人前になり仕事ができる段階となると、徐々に自身が影響を与えられる範囲が広くなってきます。例えば、プロジェクト・リーダーを任される、部下とまでいかなくとも、後輩が入社する、入社した後輩の世話係になる、などの状況です。しかし、この段階では、自分自身が影響を及ぼしていると思われる場合でも、実際には上司や組織の影響力を利用して、より大きな範囲に影響を及ぼすことができている場合が多いでしょう。

この時期の志は、他人に与えられた規範に基づくものであり、ま

ずは何とかこなしていくのが精一杯な状況です。そのため、実は本人に見えている世界は、自分と直接的に関わりのある利害関係者にとどまっていることが多いのです。

## 組織全体のため

　多くの人は、実力を培い自分に自信が持てるようになると、自然と自分を含む組織全体についてのあり方を考えるようになります。それは、そのような立場（役職）に置かれること、自身のコミットが深まること、より大きな仕事をしたいという願望が強まることなどが、要因と考えられます。

　権限も与えられ、本人のスキルや人間関係も厚みを持ちだしたこの段階になると、その人が与える影響の範囲は、前段階とは格段に変わってきます（起業家の場合、その役割上、比較的若くしてこのステージになる場合が多い）。それまでは自組織（自チーム）内での調整や交渉が必要なだけでしたが、今度はその組織を代表して、外部との交渉や折衝をすることが求められるようになってきます。

## 国のため、社会全体のため

　多くの企業人は、前述の「組織全体に関わっていく」プロセスの中で、その役割を全うし、定年を迎えます。企業人としてその責務を全うし、その営みを通じて社会に貢献していくというのは、素晴らしいことです。しかし、志を幾重にも重ねていった場合、単に組織目標といった誰かの志に乗り続けるのではなく、自分自身がこの世に生きた証が何なのか、世の中にいかに貢献できるのかを考え、実際に行動するようになる人が多いことも事実です。

　この感覚は、時代の影響を受け、20代、30代の方のほうが、40代以上に比べると早い段階から社会に対する貢献を考え出すようになっているようにも見えます。社会起業ブームやベンチャー・キャ

ピタルの出現などにより起業のハードルが下がったこと、さらにインターネットによるネットワーク技術の革新によって、個人がアクションを起こしやすい環境が整ってきたこと、さらに終身雇用制度の緩やかな崩壊、成果主義的な外資系企業の進出などさまざまな要素が関連しているように思います。このように時代の変化は、志の成長過程においても確実に影響を及ぼしているのです。

さて、志の成長の方向性を含め、こうして志について議論してくると、突然、青天の霹靂で見つかるものでも、誰かがプレゼントしてくれるものでもなく、自分自身が作り上げ、育てていくものであることがご理解いただけると思います。

自律性と社会性を、縦軸と横軸に取れば「誰かが決めた自分のための志」、「誰かが決めたみんなのための志」、「自分による自分のための志」、「自分が決めたみんなのための志」と大きく分けることができるようになりますが、本質的に志そのものに大小、良し悪し、高低は存在しないと思います（「自分が決めたみんなのための志」でなければならないということはないのです）。

他人と比較することなく、一度、自分自身がこれまでの人生でどのような小志を積み上げ、今どのような状況にあるのかを明らかにしてみていただきたいと思います。そうすることが今後の志を育てていく旅の第一歩だからです。

最後に、ここまで読んでくださったみなさんに、志有段者の言葉を贈ります。読者のみなさんには、自分らしい志を育てていっていただきたいと思います。

**松下電器産業株式会社（現パナソニック株式会社）**
**創業者　松下幸之助**

「志を立てよう」

　志を立てよう。
　本気になって、真剣に志を立てよう。
　生命をかけるほどの思いで志を立てよう。
　志を立てれば、事はもはや半ばは達せられたといってよい。
　志を立てるのに、老いも若きもない。
　そして志あるところ、老いも若きも道は必ずひらけるのである。
　今までのさまざまの道程において、いくたびか志を立て、いくたびか道を見失い、また挫折したこともあったであろう。
　しかし道がない、道がひらけぬというのは、その志になお弱きものがあったからではなかろうか。
　つまり、何か事をなしたいというその思いに、いま一つ欠けるところがあったからではなかろうか。
　過ぎ去ったことは、もはや言うまい。
　かえらぬ月日にグチはもらすまい。
　そして、今まで他に頼り、他をアテにする心があったとしたならば、いさぎよくこれを払拭しよう。
　大事なことは、みずからの志である。
　みずからの態度である。
　千万人といえども我ゆかんの烈々たる勇気である。
　実行力である。
　志を立てよう。
　自分のためにも、他人のためにも、そしておたがいの国、日本のためにも。（『道をひらく』松下幸之助著、PHP研究所より引用）

# おわりに

　最後までお付き合いいただき、ありがとうございました。この本をお読みいただき、今後の能力開発の方向性、ご自身のキャリアについて考えを深める必要性を感じていただけたでしょうか。

　グロービス経営大学院では、優れたビジネスパーソンになるためには、WILL（意思や志）とSKILL（知識や考える力）が必要であるというコンセプトの下、カリキュラムや各講義内容を構成しています。その中で、本書では「できるだけ若いうちに身につけていただきたいもの」を絞り込み、概観してきました。

　よい、そして強いビジネスを実践するためには、ロジックや数字、コミュニケーション力、そして、それを実行する力が必要です。加えて、何のためにそのビジネスをやるのか、どのように社会に貢献していくのかといった自らの「思い」を自覚することもきわめて重要です。強い思いなくしては、能力開発を継続していくことは困難でしょう。

　時に、能力開発のプロセスはつらいものになります。短期間で身につけることが可能な表層的なテクニックとは異なり、根幹をなす能力であればあるほど、簡単に身につくものではなく、繰り返しトレーニングが必要になるからです。本書で取り上げたさまざまな力を、真の実力に変えていくためには、スポーツ選手が筋トレをするように地道に繰り返すしかありません。

読んで理解しただけの知識の大半は、数時間から数日で忘れてしまうという実験データがあります。「学んで一週間以内に使わないものは、一生使わない」という話もあります。せっかくですから、そうならないように「できるところから」、「すぐに」、「継続的に」、そして「愚直に」使ってみる、またはさらに能力開発への一歩を、ぜひ踏み出していただきたいと思います。

　この本の構想は、グロービスでの学びを検討されている方々向けの説明会やさまざまなクラスの受講生のみなさんとのディスカッションを通じて、考えたこと、学んだことがベースになっています。説明会、クラスという筆者にとっての現場がなければ、この本を書こうとすることも、書くこともありませんでした。クラスや説明会で時間を一緒に過ごしてくださったみなさんに、心から感謝致します。

　また、東洋経済新報社の宮﨑奈津子さんには、本書の企画を具体化していただき、執筆中も励ましの言葉、的確なアドバイス、それから、ペースメークのメールをたくさんいただきました。本当にありがとうございました。

　ビジネスの基礎力の向上を志向する方が一人でも増えることを願って、本書の結びとしたいと思います。

　2014年7月吉日

執筆者一同

## 執筆者紹介

### 田久保善彦（たくぼよしひこ）：監修、8章、10章執筆担当

株式会社三菱総合研究所を経て現在グロービス経営大学院 経営研究科 研究科長。慶應義塾大学理工学部卒業、同大学大学院理工学研究科修了。スイスIMD PEDコース修了。経済同友会幹事、経済同友会教育改革委員会副委員長（2013年度）、ベンチャー企業社外取締役、顧問、NPO法人の理事等も務める。著書に『ビジネス数字力を鍛える』『社内を動かす力』（ダイヤモンド社）、共著に『志を育てる』『グロービス流　キャリアをつくる技術と戦略』（東洋経済新報社）、『日本型「無私」の経営力』（光文社）、『東北発10人の新リーダー　復興にかける志』（河北新報出版センター）等。

### 荒木博行（あらきひろゆき）：1章、2章、4章、7章執筆担当

グロービス経営大学院 経営研究科 副研究科長。慶応義塾大学法学部卒業、スイスIMD-BOTコース修了。住友商事株式会社を経て、グロービスに加わり、法人向けコンサルティング業務に従事。現在は、グロービス経営大学院にてマネジメント業務・研究等を行う傍ら、戦略系、および思考系科目の教鞭を執る。著書に『ストーリーで学ぶ戦略思考入門——仕事にすぐ活かせる10のフレームワーク』（ダイヤモンド社）。

### 鈴木健一（すずきけんいち）：3章、5章執筆担当

東京大学工学部卒業、同大学大学院工学系研究科修了。シカゴ大学ブースビジネススクール修了、MBA。株式会社野村総合研究所、A.T.Kearneyで主としてメーカー、通信事業者を対象として新規事業開発からオペレーション改善まで幅広くコンサルティングに従事。その後、グロービス経営大学院の建学に参画し、現在は事務局長として学校運営に携わると同時に「ビジネス定量分析」をはじめとする思考系科目の企画開発、教育研究にあたる。

### 村尾佳子（むらおけいこ）：6章、9章執筆担当

大手旅行会社、総合人材サービス会社を経て、現在グロービス経営大学院 経営研究科 副研究科長。事業戦略、マーケティング戦略立案全般、そして大阪校、名古屋校のマネジメントに携わる傍ら、マーケティングや志領域の教鞭を執る。また社外取締役や理事として関与しながら、ベンチャー企業やNPOの育成にも携わる。
関西学院大学社会学部卒業、大阪市立大学大学院創造都市研究科都市政策修士。グロービス・オリジナル・MBAプログラム（GDBA）修了。共著に『グロービス流　キャリアをつくる技術と戦略』（東洋経済新報社）、『志を育てる』（東洋経済新報社）、『東北発10人の新リーダー　復興にかける志』（河北新報出版センター）。

## グロービス経営大学院

社会に創造と変革をもたらすビジネスリーダーを育成するとともに、グロービスの各活動を通じて蓄積した知見に基づいた、実践的な経営ノウハウの研究・開発・発信を行っている。

グロービスには以下の事業がある。(http://www.globis.co.jp/)
- グロービス経営大学院（経営大学院／東京・大阪・名古屋・仙台・福岡）
- グロービス・コーポレート・エデュケーション
  （法人向け人材育成事業／日本・上海・シンガポール）
- グロービス・キャピタル・パートナーズ（ベンチャーキャピタル事業）
- グロービス出版（出版事業／電子出版事業）
- オンライン経営情報誌「GLOBIS.JP」（経営情報サイト運営）
- 動画専門サイト「GLOBIS.TV」（経営情報映像サイト運営）

- 一般社団法人G1サミット（カンファレンス運営）
- 一般財団法人KIBOW（震災復興支援活動）

27歳からのMBA
グロービス流ビジネス基礎力10
2014年8月14日　第1刷発行
2022年10月17日　第12刷発行

著　者――グロービス経営大学院
執筆者――田久保善彦／荒木博行／鈴木健一／村尾佳子
発行者――駒橋憲一
発行所――東洋経済新報社
　　　　〒103-8345　東京都中央区日本橋本石町1-2-1
　　　　電話＝東洋経済コールセンター　03(6386)1040
　　　　https://toyokeizai.net/
カバーデザイン……遠藤陽一（デザインワークショップジン）
ＤＴＰ……………高橋明香（おかっぱ製作所）
印　刷……………港北メディアサービス
製　本……………積信堂
編集担当……………宮崎奈津子

©2014 Graduate School of Management, GLOBIS University　Printed in Japan　ISBN 978-4-492-04539-8

本書のコピー、スキャン、デジタル化等の無断複製は、著作権法上での例外である私的利用を除き禁じられています。本書を代行業者等の第三者に依頼してコピー、スキャンやデジタル化することは、たとえ個人や家庭内での利用であっても一切認められておりません。

落丁・乱丁本はお取替えいたします。

## 東洋経済新報社の好評既刊

**自らの使命を探し求めた著者が綴る**

### 新版 吾人の任務
#### MBAに学び、MBAを創る

堀 義人 著　定価(本体1800円+税)

---

**事をなす人のための本格的な「志」の解説書**

### 志を育てる
#### リーダーとして自己を成長させ、道をひらくために

グロービス経営大学院 著
田久保善彦 執筆・監修　定価(本体1700円+税)

---

**10年後、後悔しないために何をすべきか**

### グロービス流 キャリアをつくる技術と戦略

グロービス経営大学院 著
村尾 佳子 執筆　定価(本体1800円+税)